Exotische Küche

Costa Ricanische Küche

Kochrezepte aus der grünen Schatzkammer Amerikas

Nariman Zeitun

Die Autorin und der Verlag bedanken sich bei allen, die sie mit Rezepten versorgt haben, damit dieses Buch auf dem deutschsprachigen Markt erscheinen konnte.

1. Auflage 2016, 2. Auflage 2024

Titelbild: Gundula Wagner
Fotos: M. Nader Asfahani
Gestaltung, Herstellung und Satz:

Asfahani Verlag

Email: info@asfahani.de
Internet: www.asfahani.de

978-3-927459-70-0

Sachregister

Vorspeisen, Beilagen und schnelle Gerichte

Suppen

Hauptgerichte
Reisgerichte

Gemüse- und Fleischgerichte

Geflügelgerichte

Fischgerichte

Soßen

Süßspeisen

Achiote oder Achuete, wird auch Annatto genannt.
Samen das Annattobaumes. In Pulverform färbt es die Gerichte rötlich und gibt ihnen einen milden Peperonigeschmack.
Die Samen müssen, bevor man sie verwendet, in heißem Öl gebraten werden. Zerdrückt kann man sie dann in Gerichten verwenden.
Arracache, Wurzelgemüse sieht wie eine längliche Kartoffel aus und hat eine helle Farbe.

1

Chayote (Chocho oder Christofine), Kürbisgewächs. In den Herkunftsländern werden nicht nur die Früchte verzehrt, auch die Sprossen und die Blätter werden wie Gemüse gekocht.

Maniok (Cassava, Tapioca), Wurzelgemüse. Maniok enthält giftigen Blausäuereglykosid deshalb dürfen sie nicht roh gegessen werden. Maniok sollte gekocht, geröstet oder gedämpft serviert werden.

2

Pijibaye (Pfirsichdattel), südamerikanische Datteln. Sie sehen wie große Erdbeeren oder Tomaten aus und finden Verwendung in vielen Gerichten und auch als alkalisches Getränk.
Tapa de Dulce, brauner roher Zucker.

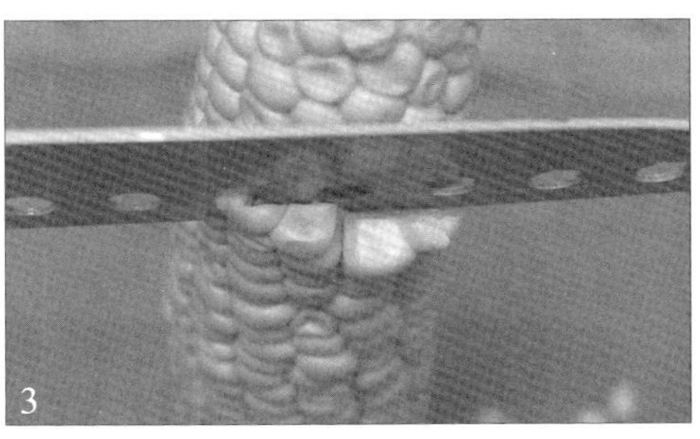
3

Maiskörner vom Kolben lösen.
Mit einem scharfen Messer und direkt hinter den Körnern schneidet man die Maiskörner in Streifen ab.

Vorspeisen, Beilagen und schnelle Gerichte

Teigtaschen - Empanadas

Überall auf dieser Welt findet man auf den Märkten und in Restaurants Teigtaschen gefüllt mit verschiedenen Zutaten. Die Herstellung der Teigtaschen ist fast überall gleich, der Unterschied liegt nur in den Zutaten.

4

5

Zutaten für den Teig:

Variante,1 mit Mehl

2 Tassen Mehl
1 gestrichener Teelöffel Salz
1 bis 2 Esslöffel Butterfett (Ghee/Ghiu) oder Öl

So wird es gemacht:

☺ Mehl sieben ➟ mit Salz und Wasser zu einem Teig kneten ➟ Teig zudecken und ca. 30 Minuten ruhen lassen.

Zutaten für den Teig:

Variante 2, mit Mehl (für süße Füllungen)

2 Tassen Mehl
1 Becher Sahne
5 bis 6 Esslöffel zerlassene Butter
2 Esslöffel Zucker

So wird es gemacht:

☺ Mehl, Zucker und Butter in eine Schale geben und mit der Hand gut verkneten ➟ nach und nach Sahne dazugeben und verkneten, bis der Teig nicht mehr an der Schale kleben bleibt.

Zutaten für den Teig:

Variante 3, mit Mehl

500 g Mehl
1/4 Liter warmes Wasser
15 g frische Hefe oder Trockenhefe
eine Prise Zucker
1 Teelöffel Salz
2 Esslöffel Öl

So wird es gemacht:

☺ Hefe mit Zucker und etwas warmem Wasser gehen lassen.
☺ Mehl sieben, Salz, Öl und die Hefe dazugeben ➟ zu einem Teig verkneten, das restliche Wasser nach und nach dazugeben ➟ 10 bis 15 Minuten durchkneten ➟ Teig zudecken und 2 Stunden warm stellen.

Zutaten für den Teig:

Variante 4, mit Maismehl

2 Tassen Maismehl
1/2 Tasse Wasser
Salz

Damit der Teig besser zusammenhält, etwas Mehl dazugeben.

Maismehlteig weiter bearbeiten (Variante 4)

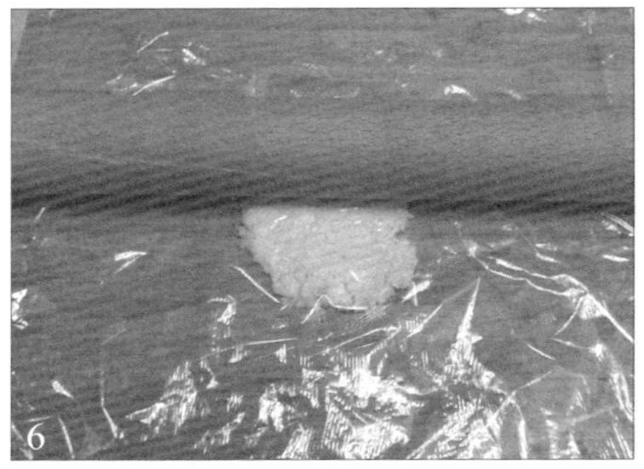

Maismehl, Wasser und etwas Salz in eine Schale geben, zu einem Teig verkneten und zu kleinen Bällchen formen ➠ ein Stück Frischhaltefolie auf die Arbeitsfläche legen, ein Maisteigbällchen darauf geben, dann ein Stück Folie darüber legen und zu einem runden Fladen ausrollen.

Vermerk:
In südamerikanischen Ländern werden die Teigbällchen mit einer runden Presse zu Fladen gepresst, siehe Seite 25.

Mehlteig weiter bearbeiten (für Variante 1 bis 3)

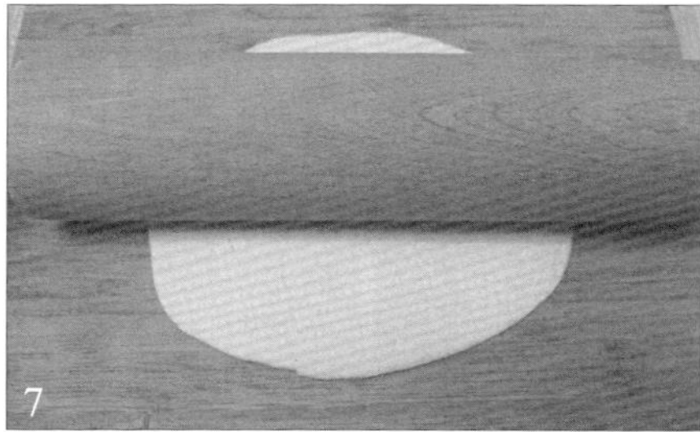

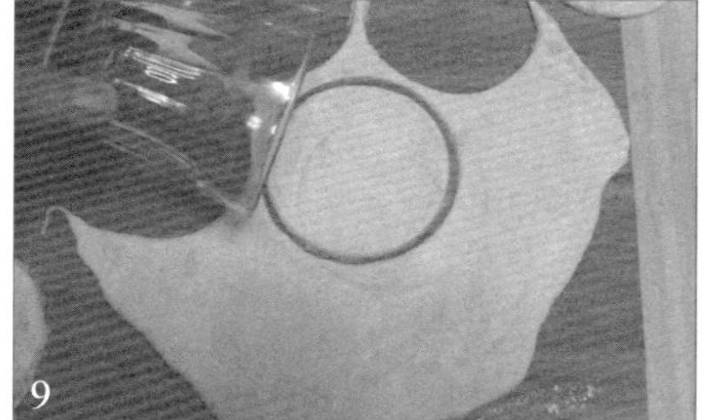

① Teig in zwei Teile teilen und jedes Teil in flache Fladen ausrollen. Dann mit der offenen Seite einer Tasse oder eines Glases Teigkreise aus dem Teig ausstechen (Abb. 7 bis 9).

Oder

10

11

② Teig noch mal durchkneten und zu mehreren Kugeln formen, dann jedes Teil zur einem flachen, runden oder viereckigen Fladen ausrollen.
Man kann die Teigkugeln auch durch eine Nudelmaschine geben.

Teigfladen formen und füllen

Den Teig kann man in verschiedene Formen gestalten und füllen.

Teigtasche in Viereckform:

Füllung in die Mitte geben ➠ den Rand des Fladens mit Ei oder Wasser bepinseln und die Fladenseiten über die Füllung legen.

12

Teigtasche in Dreieckform:

Füllung in die Mitte eines runden Teigfladens geben ➠ den Rand mit Wasser oder Ei anfeuchten, dann die Seiten über die Füllung geben und den angefeuchteten Rand mit den Fingern glätten.

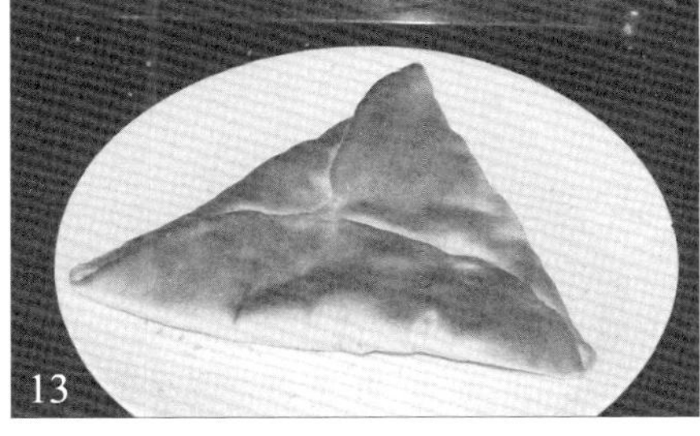
13

Runde Teigtaschen:

14

15

Aus dem Teig runde Fladen ausstechen (siehe Abb. 9, Seite 8) ➡ ca. 1 Esslöffel Füllung in die Mitte geben und den Teigrand mit etwas Wasser rundherum anfeuchten ➡ einen zweiten Rundfladen darauf legen und rundherum mit einer Gabel die beiden Fladen zusammenpressen.

Teigrollen:

16

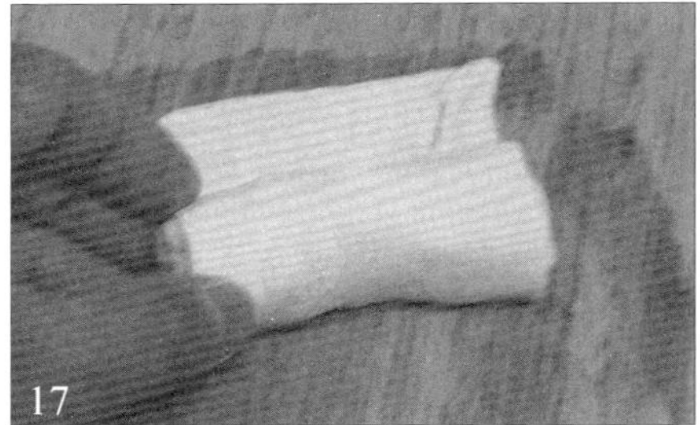
17

Teig zu dünnen, länglichen Fladen ausrollen oder mit Hilfe einer Nudelmaschine dünn drehen ➡ 1 Esslöffel Füllung darauf geben (Abb. 16), dann den unteren Teil und die Seiten auf die Füllung legen ➡ den Teig rundherum mit etwas Wasser anfeuchten und zu einer Rolle aufrollen.

Halbmondtaschen:

☺ Auf eine Hälfte des Teigkreises etwas Füllung legen ➡ die leere Hälfte über die Füllung legen (Halbmond) und die Ecken zusammendrücken, dann den Rand mit einer Gabel zusammendrücken,

18

damit die Füllung beim Braten nicht auslaufen kann.
Wenn die Taschen fertiggestellt sind, kann man sie in Öl braten oder im Backofen backen.

Vermerk:

1) Falls die Teigtaschen im Backofen gebacken werden, die Oberflächen mit Ei bepinseln.
2) Die Teigtaschen dürfen nicht zu lange gebacken oder gebraten werden, ansonsten werden sie hart. Es reicht wenn sie eine hellbraune Farbe annehmen.
3) Maismehltaschen sollten nur in Öl gebraten werden.

Füllung für die Teigtaschen
Grüne Bohnen mit Kräutern

Zutaten:

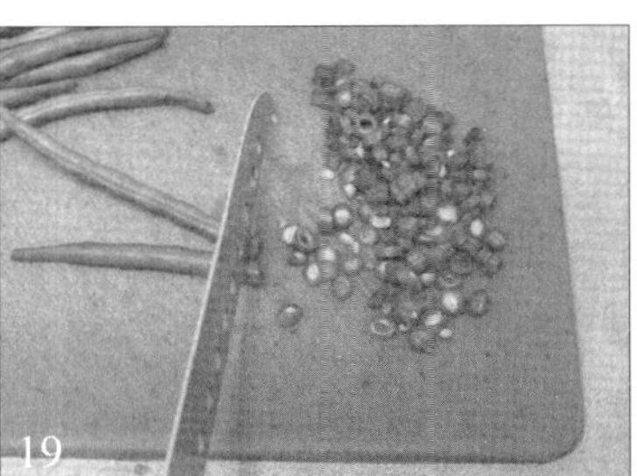

150 bis 200 g Grüne Bohnen, Spitzen und Enden abschneiden, waschen und die Bohnen in dünne Scheiben schneiden
1 Esslöffel Tomatenmark und 1/2 Teelöffel Chilipulver in 1 Tasse Wasser auflösen
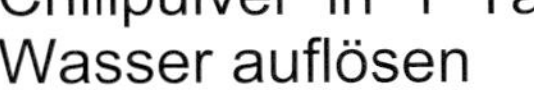
1/2 Bund Petersilie, Blätter waschen und hacken
1 Esslöffel gehackter Dill
1 Esslöffel gehackter Thymian
1/4 Teelöffel Currypulver
Salz und Pfeffer
Öl

So wird es gemacht:

20

21

☺ Ein paar Esslöffel Öl in eine Pfanne geben und erhitzen ➟ Bohnen dazugeben und weich dünsten ➟ aufgelöstes Tomatenmark, Currypulver, Salz und Pfeffer dazugeben, umrühren und köcheln lassen, bis die Flüssigkeit fast verdampft ist ➟ Kräuter untermengen, 1 bis 2 Minuten weiter dünsten ➟ Pfanne vom Herd nehmen, abschmecken und abkühlen lassen.

❁❁❁❁❁❁❁❁❁❁

Schwarze Bohnen mit Käse

Diese Füllung kann man auch als Dipp mit Tortillas (Fladenbrot) als Beilage anbieten.

Zutaten:

1 Tasse Schwarze Bohnen
Weißer Käse (ca. 25 g oder mehr)
Ein paar Tropfen Chilisoße
1 Teelöffel Öl
1/2 Teelöffel Senf
Salz

So wird es gemacht:

☺ Bohnen gar kochen, durch ein Sieb geben und abtropfen lassen. Kochflüssigkeit aufbewahren ➟ Bohnen, 3 bis 4 Esslöffel Kochflüssigkeit, Chilisoße, Käse, Öl, Senf und etwas Salz in eine Küchenmaschine geben und pürieren ➟ Bohnenpüree in eine Pfanne geben und bei schwacher Hitze ein paar Minuten köcheln lassen ➟ Pfanne vom Herd nehmen und abkühlen lassen.

❁❁❁❁❁❁❁❁❁❁

Hackfleischfüllung

Zutaten:

100 bis 150 g Hackfleisch
1 Tomate, Haut abziehen, halbieren, Samen entfernen und hacken
1 bis 2 Lauchzwiebeln, Stielansätze abschneiden, welke Halme entfernen und fein hacken
1 Esslöffel Sojasoße
Chilipulver, Menge nach Geschmack
Salz
Pfeffer
Öl oder Butter, zum Braten

So wird es gemacht:

☺ 1 bis 2 Esslöffel Öl in einer Pfanne erhitzen ➟ Hackfleisch in dem heißen Öl anbraten, bis das Hack Farbe annimmt ➟ die restlichen Zutaten dazugeben, gut vermengen, abschmecken und köcheln lassen, bis die Flüssigkeit fast verdampft ist ➟ Pfanne vom Herd nehmen und abkühlen lassen.

❁❁❁❁❁❁❁❁❁❁

Kürbisfüllung

Zutaten:

200 g Kürbisfruchtfleisch
1 Knoblauchzehe, schälen und mit etwas Salz zerdrücken
2 Lauchzwiebeln, Stielansätze abschneiden, die welken Halme entfernen und fein hacken
Ein paar Tropfen Chilisoße
Salz
Pfeffer
Öl oder Butter

So wird es gemacht:

☺ Kürbisfruchtfleisch in Salzwasser gar kochen, durch ein Sieb geben und abtropfen lassen.
☺ Etwas Öl in einer Pfanne erhitzen ➟ Lauchzwiebeln dazugeben und glasig dünsten, Knoblauchpaste, Chilisoße und Pfeffer dazugeben, gut vermengen und kurz dünsten ➟ gekochten Kürbis untermengen und mit einer Gabel pürieren ➟ abschmecken ➟ Pfanne vom Herd nehmen und abkühlen lassen.

❁❁❁❁❁❁❁❁❁❁

Kürbisfüllung, süß

In Costa Rica wird die Sorte Chivree benutzt, die eine sehr harte Schale besitzt. Die Schale kann nur mit einem Beil entfernt werden. Diese Sorte bekommt man nicht in Deutschland, stattdessen kann man Winterkürbis verwenden.

Zutaten für den Teig:

2 Tassen Mehl
1 Becher Sahne
5 bis 6 Esslöffel zerlassene Butter
2 Esslöffel Zucker

Vermerk:
Man kann auch ein Ei bei der Herstellung des Teiges verwenden

Zutaten für die Füllung:

200 g Kürbisfruchtfleisch
100 g brauner Zucker
Eine Prise Zimt
Eine Prise Nelkenpulver

So wird es gemacht:

☺ Mehl mit den Zutaten wie auf Seite 7, Variante 2 zu einem Teig verkneten, den Teig in zwei Teile teilen und jedes Teil in flache Fladen ausrollen. Dann mit der offenen Seite einer Tasse Teigkreise aus dem Teig stechen (siehe Seite 8, Abb. 8 und 9).

☺ Kürbisfruchtfleisch in Wasser gar kochen, durch ein Sieb geben, abtropfen lassen und in einen kleinen Topf geben ➠ Zucker, Zimt und Nelken zum Kürbis geben, gut verrühren und köcheln lassen, bis die Masse dick wird (wie Honig) ➠ Topf vom Herd nehmen und abkühlen lassen. Dann wie auf Seite 10 (Halbmondform) füllen, Backblech mit etwas Mehl bestreuen, Teigtaschen auf das Backblech legen, die Oberflächen mit Wasser bestreichen und backen, bis sie Farbe annehmen oder in Öl braten.

❁❁❁❁❁❁❁❁❁❁

Pati

Pati ist eine traditionelle, kreolische (Afro-Karibische) Teigtasche. gefüllt mit Hackfleisch.

Zutaten für den Teig:

2 Tassen Mehl
1/2 Tasse Butter
1 Esslöffel Achiote (siehe Seite 6). Ersatzweise mildes Paprikapulver
Etwas Salz
Eiskaltes Wasser

Zutaten für die Füllung:

100 g Hackfleisch
1 Knoblauchzehe, schälen und fein hacken oder mit etwas Salz zerdrücken
Ein paar frische Thymianstängel
1 sehr kleine, scharfe Chilischote
1 Teelöffel getrockneter Oregano
3 Esslöffel grob gehackte Petersilie
1 Esslöffel grob gehackter frischer Basilikum
1 Esslöffel grob gehackter Koriander
1 Teelöffel Achiote. Ersatzweise mildes Paprikapulver
2 bis 3 Lauchzwiebeln, Stielansätze abschneiden, welke Halme entfernen und hacken. Ersatzweise 1 kleine Stange Sellerie
1 kleine, milde Paprikaschote, Stielansatz und Kerne entfernen und hacken
1 kleine Zwiebel oder Schalotte, schälen und hacken
6 bis 7 Weißbrotscheiben
1½ Tassen Brühe
Ein paar Esslöffel Öl

1 Teelöffel Worcestersoße. Ersatzweise Sojasoße
Salz

So wird es gemacht:

☺ Füllung vorbereiten:

① Brühe in eine tiefe Pfanne geben und erhitzen ➡ Brotscheiben in die Brühe geben, bis die Scheiben die Flüssigkeit aufgesogen haben, dann mit einer Gabel pürieren ➡ Pfanne vom Herd nehmen und beiseite stellen.

② Oregano, Petersilie, Basilikum, Koriander, Lauchzwiebeln oder Sellerie, Paprika, Zwiebeln oder Schalotten und etwas Öl in eine Küchenmaschine geben und pürieren.

③ Öl in einer tiefen Pfanne leicht erhitzen, Achiote (ersatzweise Paprikapulver) in das Öl geben und gut verrühren ➡ Hackfleisch, Worcestersoße, Thymian, Chilischote und Gewürzpaste in die Pfanne geben und dünsten, bis das Hack gar ist ➡ Chilischote und Thymianstängel aus der Pfanne nehmen ➡ Eingeweichte und pürierte Brotscheiben zum Hack geben, gut vermengen, salzen und köcheln lassen, bis die meiste Flüssigkeit verdampft ist ➡ Pfanne vom Herd nehmen.

☺ Teig vorbereiten:

Mehl und etwas Salz in eine Schale geben und gut vermengen.

Butter und Achiote in eine Pfanne geben und bei mittlerer Hitze zerlassen, dabei umrühren ➡ Butter zum Mehl geben , mit der Hand gut vermengen ➡ kaltes Wasser nach und nach dazugeben und zu einem Teig verkneten, dann zu kleinen Bällchen formen und wie auf Seite 8 beschrieben kleine Fladen ausstechen.

Teigfladen füllen und goldbraun braten „siehe Seite 10 - Halbmondtaschen“

❁❁❁❁❁❁❁❁❁❁

Tamales

Tamales ist gefüllter Teig aus Maismehl oder Maispüree. Traditionell werden die Tamales mit getrockneten Maiskolbenblättern oder Bananenblättern umhüllt und mit einem Faden festgebunden, damit sie beim Kochen nicht aufgehen. Danach werden die gefüllten Blätter in einem Dampfkochtopf gedämpft und bei mittlerer Hitze ca. 1½ Stunden gegart. Man kann die gefüllten Blätter auch in eine tiefe Pfanne legen, mit Wasser bedecken, Pfanne zudecken und bei mittlerer Hitze garen.

22

23

Vermerk:
Ersatzweise kann man Alufolie verwenden.

❁❁❁❁❁❁❁❁❁❁❁

Tamalesteig
Variante 1

Zutaten:

500 g Maismehl
1 kg Kartoffeln, schälen und vierteln
50 g gekochter Schinken, in kleine Würfel schneiden
50 g gehacktes Fleisch
1 Teelöffel Senf
1 Teelöffel Soja- oder Worcestersoße
1 bis 2 Knoblauchzehen, schälen, mit etwas

Salz in einen Mörser geben und zerdrücken
1 Teelöffel mildes Paprikapulver
Currypulver, Menge nach Geschmack
Chilipulver, Menge nach Geschmack
Salz
Pfeffer
Öl
Je 1 Esslöffel gehackt:
- Petersilie
- Thymian
- Oregano
- Dill

So wird es gemacht:

☺ Kartoffeln gar kochen, in einem Sieb abtropfen lassen und in eine große Schüssel geben. Dann mit einer Gabel pürieren.
☺ Maismehl zum Kartoffelpüree geben und zu einem Teig verkneten.
☺ Etwas Öl in einer Pfanne erhitzen, Hackfleisch und gekochten Schinken dazugeben und braten ➡ Knoblauchpaste, Gewürze, etwas Salz, Pfeffer und Kräuter untermengen, kurz anbraten ➡ ein paar Esslöffel Wasser dazugeben und kurz köcheln lassen ➡ Pfanneninhalt in eine Küchenmaschine geben und kurz pürieren ➡ Senf und Soja- oder Worcestersoße dazugeben und gut vermengen.
☺ Pürierte Masse zum Mais-Kartoffelteig geben und gut verkneten ➡ Teig mit Salz und Pfeffer abschmecken.

❁❁❁❁❁❁❁❁❁❁❁

Variante 2

Zutaten:

4 Tassen Maismehl
6 Tassen heißes Wasser
1 Teelöffel Achiotepulver*, in 1 Esslöffel heißem Öl auflösen. Ersatzweise 1 Teelöffel mildes Paprikapulver
1 kleine, gelbe Chilischote (Aji Amarillo), Stielansatz abschneiden, der Länge nach halbieren, Samen entfernen und fein hacken
4 bis 5 Esslöffel Olivenöl
Salz

Die Masse reicht für ca. 20 Tamales.

Vermerk:
*Achiote oder Achuete, wird auch Annatto genannt. Samen das Annattobaumes. In Pulverform färbt es die Gerichte rötlich und gibt ihnen einen milden Peperonigeschmack.
Die Samen müssen, bevor man sie verwendet, in heißem Öl gebraten werden. Zerdrückt kann man sie dann in Gerichten verwenden.

So wird es gemacht:

☺ Maismehl, aufgelöstes Achiotepulver, Chili, Salz und Öl in eine Schale geben und gut vermengen ➟ heißes Wasser nach und nach dazugeben und gut vermengen bis ein Teig entstanden ist ➟ Teig beiseite stellen. Danach kann man die Füllung vorbereiten.

❁❁❁❁❁❁❁❁❁❁

Mais oder Bananenblätter für Tamales vorbereiten

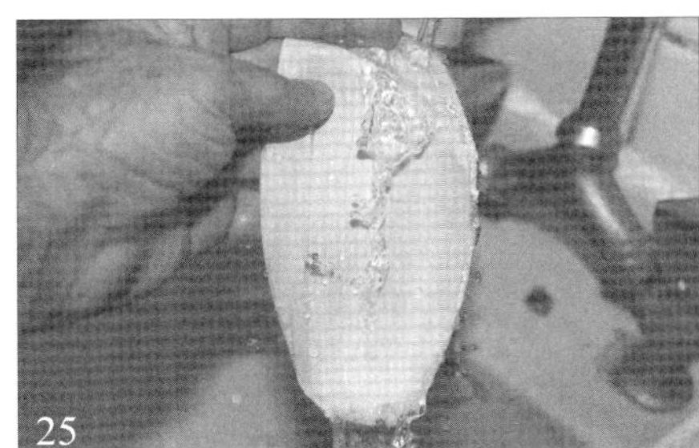

Maisblätter vom Kolben lösen und gründlich waschen.

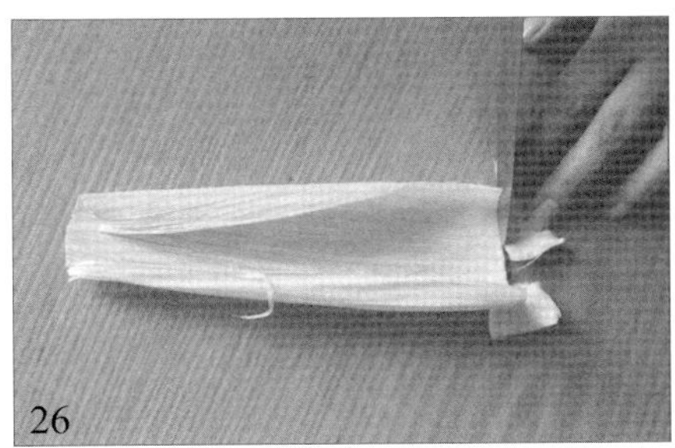

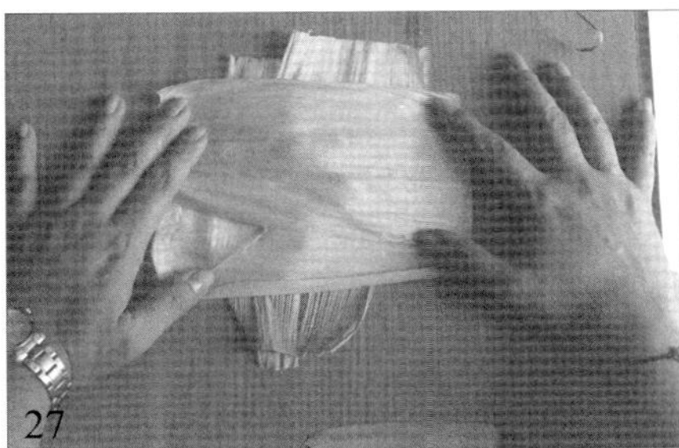

Den unteren Teil der Kolbenblätter abschneiden sowie die Spitzen.
2 bzw. 3 Kolbenblätter übereinander auf den Arbeitstisch legen. Falls man Bananenblätter verwendet, braucht man nur ein Blatt von ca. 10 cm.

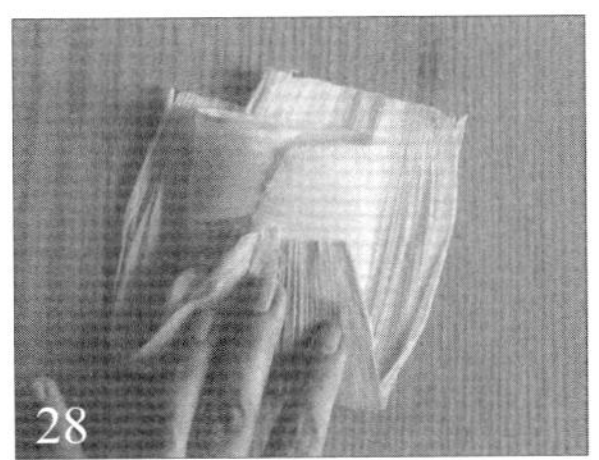

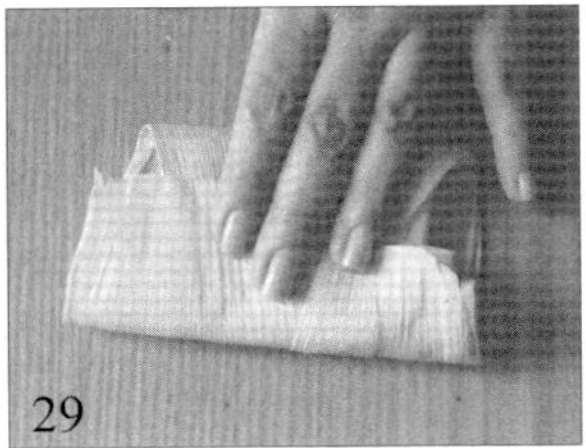

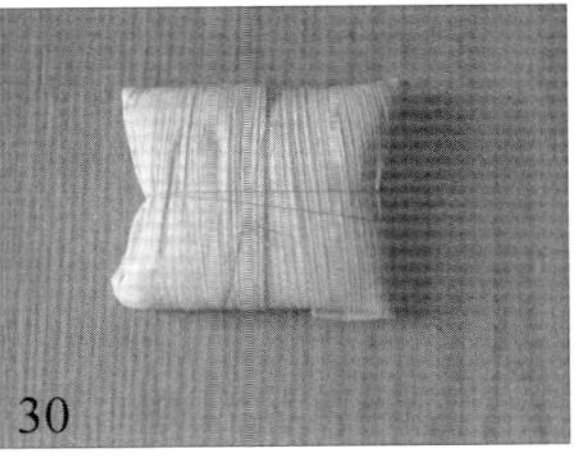

Eine Handvoll Teig in die Mitte der Blätter geben und glätten, dann die Füllung darauf geben und mit Teig bedecken. Jetzt wird der Teig mit den Blättern umwickelt, mit einem Faden festgebunden und im Wasserdampf (ca. 1 bis 1½ Stunden, je nach Art der Füllung) gegart. Die Tamales können auch als Rolle fertiggestellt und gegart werden.

31

Taschen garen

32

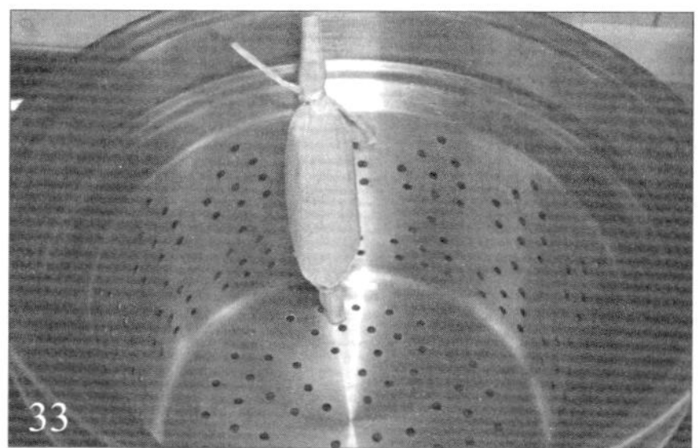
33

① Die Tamales werden in einem Dampfkochtopf gegart. Falls man keinen solchen Topf hat, kann man zum Beispiel Wasser in einen Topf geben und ein Sieb in den Topf hängen (Abb. 33) oder einen Spagettikochtopf nehmen (Abb. 32). Beim Dämpfen Topf zudecken.

34

35

② Eine weitere Art zu dämpfen ist ein Tuch über einen Topf zu spannen (Abb. 34). Man kann die Tamales auch in einem Topf mit Wasser garen.

Füllung für Tamales
Fleischfüllung

Zutaten:

*250 g magere Fleischstücke, in kleine Würfel schneiden, waschen, abtropfen lassen und in eine Schale geben
150 bis 200 g frische Erbsen. Man kann auch tiefgefrorene Erbsen verwenden
**1/2 Tasse Langkornreis, waschen, abtropfen lassen, in eine Schale geben, etwas Salz und mildes Paprikapulver dazugeben und gut vermengen
1 lange, milde Peperoni, Stielansatz abschneiden, der Länge nach halbieren, Samen entfernen und fein hacken
1 bis 2 Lauchzwiebeln, Stielansätze abschneiden, welke Halme entfernen und hacken
1 Karotte, Spitze und Stielansatz abschneiden, schälen und in kleine Würfel schneiden

So wird es gemacht:

☺ Siehe ab Seite 18.
☺ Tamalesteig auf die Maiskolbenblätter oder das Bananenblatt legen und flachdrücken ➟ eine kleine Menge von den Zutaten darauf geben ➟ mit Teig bedecken und wie auf Seite 21 beschrieben weiter verarbeiten, ca. 2 bis 3 Stunden langsam garen.

Vermerk:
Man kann die Garzeit kürzen, wenn die Zutaten vorher gegart werden:
*Fleischwürfel in Butter oder Öl braten, bis sie eine helle Farbe annehmen.
** Reis in einen Topf geben, reichlich Wasser dazu

geben und kochen lassen, bis die Reiskörner halbgar sind, dann in ein Sieb geben und abtropfen lassen.

❁❁❁❁❁❁❁❁❁❁

Füllung mit Gewürzwurst

Zutaten:

1 spanische oder türkische Gewürzwurst (Chorizo/Sujuk), Pelle entfernen, in Streifen schneiden und hacken
2 bis 3 Esslöffel frische Erbsen
1 Handvoll Oliven ohne Kerne, hacken
1 kleine Schalotte, schälen und fein hacken. Ersatzweise 2 Lauchzwiebeln
1 kleine, milde eingelegte Peperoni, Stielansatz und Kerne entfernen und hacken

So wird es gemacht:

☺ Siehe ab Seite 18.

❁❁❁❁❁❁❁❁❁❁

Mais Tortilla - Maisfladen

Zutaten:

2 Tassen feines Maismehl (Masa)
Ca. 1 bis 1½ Tassen Wasser
1/4 Teelöffel Salz

So wird es gemacht:

☺ Maismehl und Salz in eine Schale geben und gut vermengen, 1 Tasse Wasser nach und nach dazugeben und zu einem weichen Teig verkneten. Falls der Teig sehr fest ist, etwas Wasser dazugeben und kneten ➟ Maisteig ca. 15 bis 20 Minuten ruhen lassen.

☺ Maisteig zu Fladen verarbeiten:

① Den Teig zu kleinen Bällchen formen.

② Frischhaltefolie auf die untere Platte der Tortilla-presse (Abb. 36) legen, dann ein Teigbällchen in die Mitte geben, mit Folie bedecken und mit dem Deckel der Presse zu flachen Fladen pressen.

36

Oder

Ein Teigbällchen zwischen Frischhaltefolie legen und mit dem Boden eines Topfes flachdrücken (Abb. 37).

☺ Eine Pfanne auf den Herd stellen und bei mittlerer Temperatur erhitzen ➟ die oberste Plastikfolie vom Teig entfernen

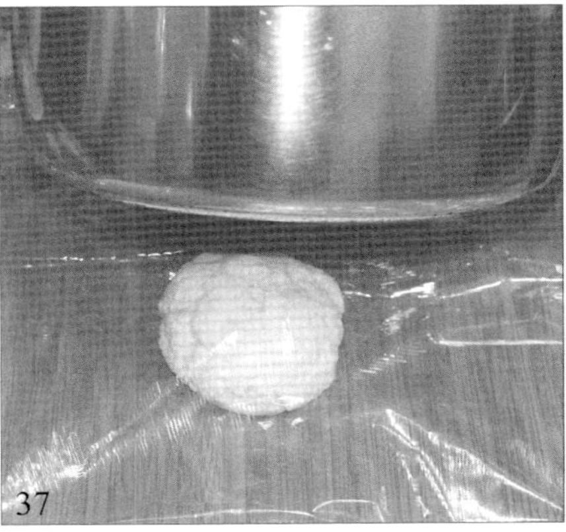
37

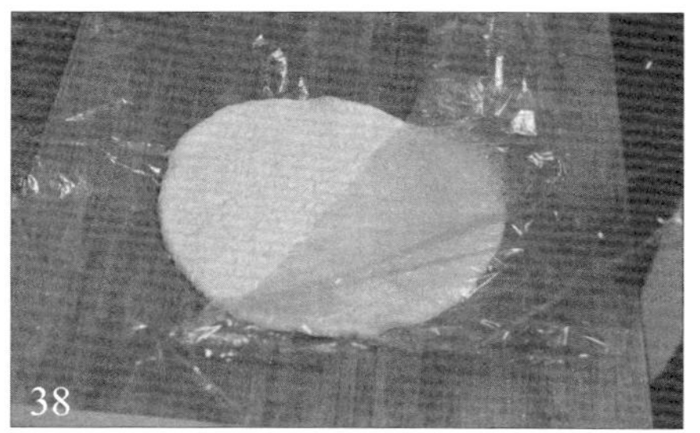
38

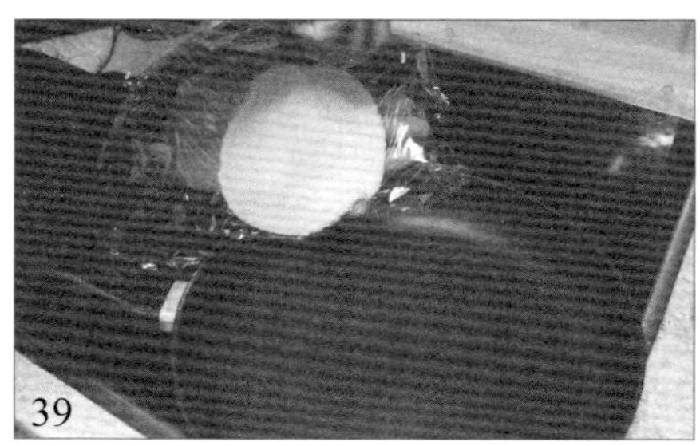
39

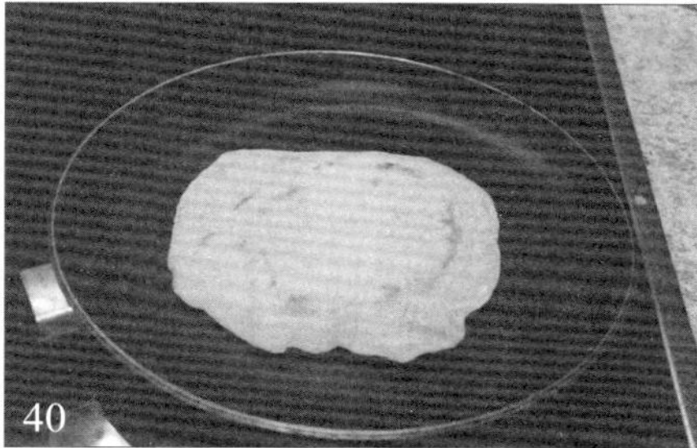

40

41

(Abb. 38), Teigfladen in die heiße Pfanne geben (Abb. 39), die zweite
Folie entfernen und von beiden Seiten ca. 1 Minute garen.
Man kann die Fladen auch auf einer Crêpepfanne garen (Abb. 41 und 42)

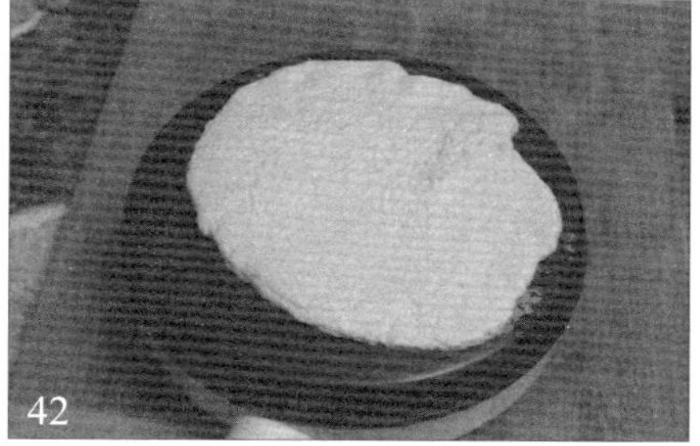
42

<u>Vermerk:</u>
Falls keine Teflonpfanne vorhanden ist, eine normale Pfanne mit etwas Öl bestreichen (Abb. 45, Seite 27) und die Fladen darin garen.

✲✲✲✲✲✲✲✲✲✲

Mehl Tortilla - Teigfladen

Zutaten:

1 Tasse Mehl
1/2 Teelöffel Salz
1 Esslöffel Öl oder zerlassene Butter

So wird es gemacht:

☺ Mehl, Salz, Butter oder Öl und etwas Wasser in eine Schale geben und zu einem Teig verkneten ➠ Teig zudecken und ca. 30 Minuten stehen lassen.

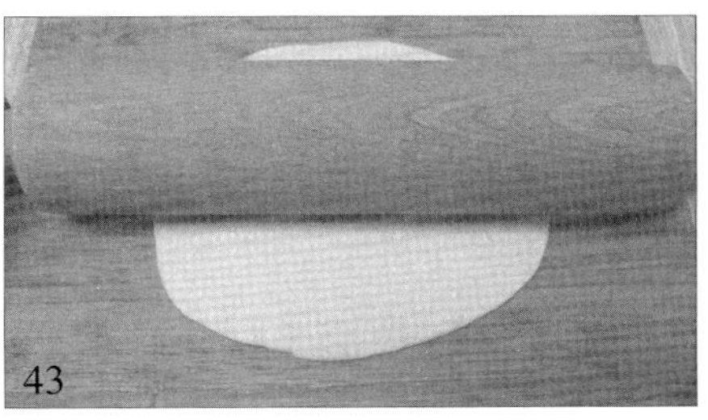
43

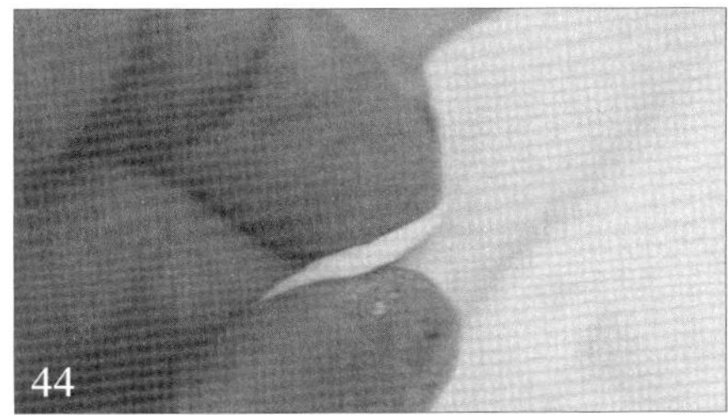
44

☺ Teig zu kleinen Bällchen formen und zu dünnen Fladen ausrollen.
☺ Eine Teflonpfanne auf eine Herdplatte stellen und bei mittlerer Temperatur erhitzen ➠ Teigfladen in die Pfanne geben und von beiden Seiten für ca. 1 Minute garen.

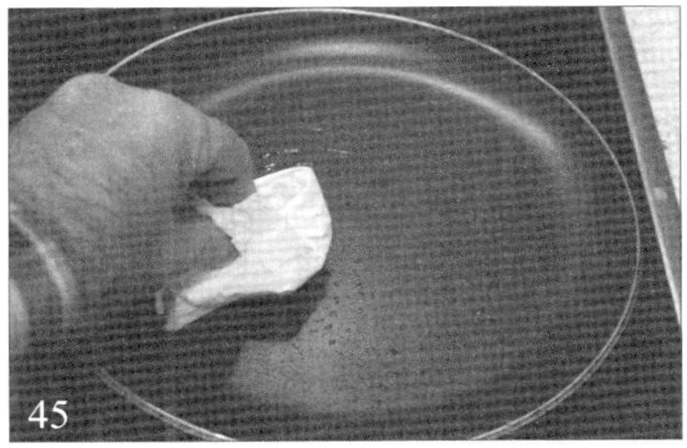
45

Vermerk:
Falls keine Teflonpfanne vorhanden ist, eine normale Pfanne mit etwas Öl bestreichen (Abb. 45) und die Fladen darin garen.

❁❁❁❁❁❁❁❁❁❁

Tortilla füllen

46

47

Tortillas kann man mit verschiedenen Zutaten (kalt oder warm) füllen. Man kann zum Beispiel Hackfleisch knusprig braten, mit Gewürzen und Sojasoße abschmecken, dann 1 Salatblatt in die Mitte der Teigfladen geben, Hack darüber verteilen und den Fladen dann zu einer Tasche zusammenlegen oder zu einer Rolle formen (siehe oben, Abb.46 und 47). Man kann auch arabisches Fladenbrot verwenden.

48

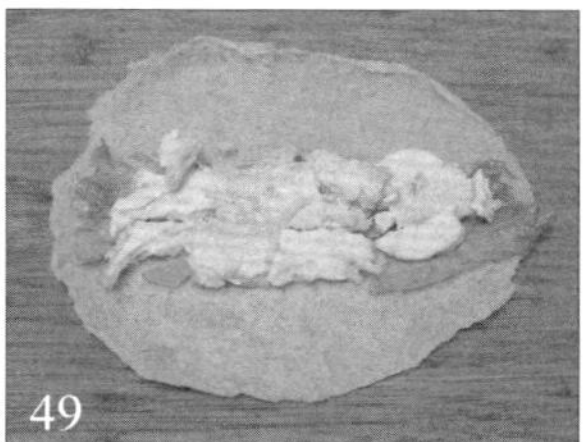
49

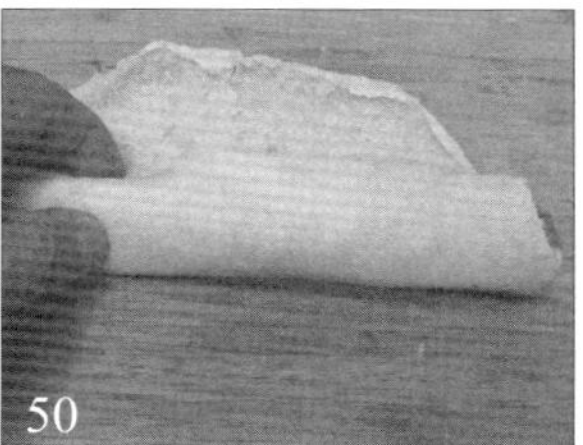
50

☺ Fladenbrot in zwei Hälften teilen (Abb. 48) ➡ Zutaten (zum Beispiel Rührei, klein gehackte Gurke oder eingelegte Gurke und Salatblätter) in die Mitte geben (Abb. 49) und den Fladen aufrollen (Abb. 50 und 51).

51

Füllung für Tortilla

Tortillas kann mit vielen verschiedenen Zutaten füllen. Einige Rezepte für Füllungen haben wir auf dieser und den nächsten Seiten zusammengestellt.

Hackfleisch-Kürbisfüllung

Zutaten:

250 g Hackfleisch
100 g Kürbisfruchtfleisch, in kleine Würfel schneiden
Ein paar Tropfen Chilisoße
1 kleine Zwiebel, schälen und fein hacken
1 bis 2 Knoblauchzehen, mit etwas Salz in einen Mörser geben und zerdrücken
1 Esslöffel gehackter Koriander
1 Esslöffel gehackte Petersilie
1/2 Teelöffel mildes Paprikapulver
Salz
Pfeffer
Öl oder Butter

So wird es gemacht:

☺ Zwiebeln in Öl oder Butter weich dünsten, Hackfleisch, Knoblauchpaste, Salz und Pfeffer dazugeben und braten, bis das Fleisch Farbe annimmt ➟ Kürbis, Paprikapulver, Koriander, Petersilie und ein paar Tropfen Chilisoße dazugeben, umrühren und köcheln lassen, bis der Kürbis gar ist ➟ mit Chilisoße, Salz und Pfeffer abschmecken und zur Tortilla servieren.

❁❁❁❁❁❁❁❁❁❁❁

Kartoffelfüllung

Zutaten:

250 g Kartoffeln, schälen, halbieren, in Streifen und dann in kleine Würfel schneiden
1 kleine Gewürzwurst (spanische oder türkische), häuten und in kleine Würfel schneiden
1 Esslöffel gehackte Petersilie
1 Esslöffel gehackter Koriander. Ersatzweise 1 Teelöffel getrockneter Koriander
Mildes Paprikapulver, Menge nach Geschmack
Ein paar Tropfen Chilisoße
1 Teelöffel Soja- oder Worcestersoße
Öl oder Butter

So wird es gemacht:

☺ Etwas Öl oder Butter in einer Pfanne erhitzen und die Wurstwürfel darin braten, aus der Pfanne nehmen und in einen Topf geben ➟ Kartoffeln und die restlichen Zutaten zur Wurst geben, mit Wasser bedecken und kochen lassen, bis die Kartoffeln gar sind ➟ abschmecken und zur Tortilla servieren.

❁❁❁❁❁❁❁❁❁❁

Hackfleisch mit Sojasoße

Zutaten:

100 g Hackfleisch
1 Esslöffel Sojasoße
Verschiedene Salatbeilagen, zum Beispiel Tomaten, Gurke, Salatblätter usw. , klein schneiden
Salz
Chilisoße
Öl

So wird es gemacht:

☺ Etwas Öl in einer Pfanne erhitzen, Hackfleisch dazugeben und braten, bis es Farbe annimmt ➡ Sojasoße dazugeben, gut vermengen und ein paar Minuten köcheln lassen ➡ mit Salz und Chilisoße abschmecken ➡ mit Salatbeilagen zur frischen Tortilla servieren.

❁❁❁❁❁❁❁❁❁❁

Tortilla mit Käse

Zutaten wie auf Seite 25, dazu werden ca. 1/2 Tasse geriebener, weißer Käse (Ziegen- oder Schafskäse) oder eine andere Käsesorte mit dem Teig verkneten.
Die Herstellung geschieht wie auf Seite 25 und 26 beschrieben. Der geriebene Käse wird mit dem Mehl zu einem Teig verknetet.

Oder

Zutaten wie auf Seite 25, dazu wird Chilisoße (Menge nach Geschmack) mit in dem Teig verknetet ➡ Teig zu kleinen Bällchen formen und wie auf Seite 25 und 26 beschrieben zu Fladen pressen und weiter verarbeiten.

❁❁❁❁❁❁❁❁❁❁

Tacos-Ticos

Zutaten: Fertige Tortilla.

Zutaten für die Soße (jeweils 2 Esslöffel): Tomatensaft, Senf, Mayonnaise, Soja- oder Worcestersoße, in eine Schale geben und gut verrühren

Füllung

Käsefüllung

2 bis 3 Esslöffel zerkleinerten, weißen Käse in die Mitte auf jeden Fladen geben, zu einer Rolle formen und in heißem Öl knusprig braten und mit Soße servieren.

❁❁❁❁❁❁❁❁❁❁

Weißkohlfüllung

Zutaten:

*Weißkohl, Blätter hacken, mit Salz bestreuen und beiseite stellen
*1 Stück mageres Fleisch
Ein paar Tropfen Chilisoße
Etwas Soja,- oder Worcestersoße
Salz
Pfeffer
Öl
Tortillafladen
Zutaten für die Soße (ein paar Esslöffel): Tomatensaft, Senf, Mayonnaise, Soja,- oder Worcestersoße

Vermerk:
*Für zwei Tortillas benötigt man ca. 2 bis 3 Weißkohlblätter und 50 Gramm Fleisch.

So wird es gemacht:

☺ Fleischstück, Salz und Pfeffer in einen Topf geben, mit Wasser bedecken und gar kochen ➟ Fleisch aus dem Topf nehmen, abkühlen lassen und in kleine Würfel schneiden ➟ Fleischbrühe aufbewahren.

☺ Fleischbrühe aufkochen lassen ➟ Weißkohl und etwas Salz in die Brühe geben und kurz aufkochen lassen ➟ in einem Sieb abtropfen lassen, mit den Fleischstücken und der Sojasoße in einer Schüssel gut vermengen.

☺ Alle Zutaten für die Soße in eine kleine Schüssel geben und gut verrühren.

☺ Öl in einer Pfanne erhitzen.

☺ In die Mitte eines Tortillafladens 1 bis 2 Esslöffel Füllung geben und zu einer Rolle formen, in heißem Öl rundherum braten und mit der Tomatensoße servieren.

❁❁❁❁❁❁❁❁❁❁

Marinierte Mango Ceviche de Mango

Zutaten:

5 grüne, reife Mangos, schälen und in feine Scheiben schneiden
1 kleine Schalotte, schälen und fein hacken
1 Esslöffel Tomatensoße. Ersatzweise Ketchup
Limettensaft
Etwas Soja- oder Worcestersoße
Salz
Pfeffer

So wird es gemacht:

☺ Alle Zutaten in eine Schüssel geben und gut vermengen ➡ mit Limettensaft und Sojasoße abschmecken und bis zum Servieren in den Kühlschrank stellen.

❁❁❁❁❁❁❁❁❁❁

Marinierter Fisch (Ceviche)

Zutaten:

1 Fischfilet (Sorte nach Belieben), in dünne Streifen schneiden
1 Esslöffel fein gehackter Koriander
1 Esslöffel fein gehackte Petersilie
1 kleine Schalotte, schälen und fein hacken
1 kleine, lange, milde Peperoni, Stielansatz abschneiden, der Länge nach halbieren, Samen entfernen und fein hacken
Ein paar Tropfen Chilisoße
Salz
Pfeffer
2 bis 3 Zitronen, auspressen

So wird es gemacht:

☺ Fischstreifen in eine Schüssel geben, die Gewürze darüber geben und alles vermischen ➟ mit Zitronensaft bedecken, Schüssel zudecken und 4 bis 5 Stunden in den Kühlschrank stellen ➟ als Beilage servieren.

❁❁❁❁❁❁❁❁❁❁

Fischfilets mit Auberginen

Zutaten:

4 Rotbarschfilets
1 Aubergine, Stielansatz abschneiden, dann die Aubergine in Scheiben oder Streifen schneiden, in ein Sieb geben, mit Salz bestreuen und über eine Schale stellen, damit die Bitterstoffe aus den Auberginenscheiben abtropfen können, danach unter fließendem Wasser waschen und abtropfen lassen
2 lange, milde Peperoni oder Paprika, Stielansätze abschneiden, der Länge nach halbieren, Samen entfernen und in Streifen schneiden
1 mittelgroße Zwiebel, schälen und in dünne Streifen schneiden
2 bis 3 Knoblauchzehen, schälen und in dünne Scheiben schneiden oder mit etwas Salz in einem Mörser zerdrücken
1/2 Bund Petersilie, Blätter waschen und hacken
1 Teelöffel getrockneter Oregano
1 Teelöffel mildes Paprikapulver
1 Handvoll Oliven ohne Kerne, halbieren
Mehl, auf einem Teller verteilen
Saft einer Zitrone oder Limette
1 Prise Zucker
1 bis 2 Teelöffel Essig
Olivenöl, ca. 1 Tasse

Salz
Pfeffer

Vermerk:
Statt Auberginen kann man andere Gemüsesorte verwenden, zum Beispiel Zucchini.

So wird es gemacht:

☺ Fischfilets mit Salz und Pfeffer bestreuen.

☺ Olivenöl in einer tiefen Pfanne erhitzen ➟ etwas Paprikapulver zum Mehl geben und gut vermengen ➟ Fischfilets im Mehl wälzen, in die Pfanne geben und von beiden Seiten ca. 4 Minuten braten ➟ aus der Pfanne nehmen, in eine etwas größere Glasschüssel geben und beiseite stellen.

☺ Etwas mehr Olivenöl in die Pfanne geben und die Auberginen darin braten, bis sie weich sind ➟ aus der Pfanne nehmen und auf Küchenpapier das überschüssige Öl abtropfen lassen ➟ salzen und pfeffern und zum Fisch geben.

☺ In der gleichen Pfanne die Zwiebeln weich dünsten, Knoblauch und Paprikastreifen untermengen und 2 bis 3 Minuten dünsten. Nicht braun werden lassen ➟ Limettensaft und Essig dazugeben und gut vermengen, dann ein paar Esslöffel Wasser darüber geben, umrühren, 1 Prise Zucker untermengen und abschmecken ➟ halbierte Oliven, Oregano und Petersilie untermischen und den Pfanneninhalt zum Fisch geben ➟ Schüssel zudecken und über Nacht in den Kühlschrank stellen.

☆☆☆☆☆☆☆☆☆☆

Plantain - Plátanos
Gebratene Kochbananen

Zutaten:

2 grüne Kochbananen (Plantain), schälen und in ca. 2 cm dicke Scheiben schneiden
Salz
Öl oder Butter

So wird es gemacht:

☺ Öl in einer Pfanne erhitzen ➡ Plantainscheiben in das heiße Öl geben und goldbraun braten ➡ aus der Pfanne nehmen und auf Küchenpapier legen, damit das überschüssige Öl entfernt wird ➡ auf Servierteller geben, mit Salz bestreuen und als Beilage servieren.

Oder

☺ Kochbananen vierteln und in Öl braten, bis sie weich sind ➡ aus der Pfanne nehmen und auf einem Teller flach drücken, dann wieder zurück in die Pfanne geben, mit Salz bestreuen und knusprig braten.

❁❁❁❁❁❁❁❁❁❁

Gebackene Kochbananen

Zutaten:

3 reife Kochbananen, schälen, der Länge nach in ca. 1 cm lange Streifen schneiden
3/4 bis 1 Tasse Milch, oder Sahne und Milch
1½ Tassen weichen Käse, zum Beispiel Mozzarella, in dünne Scheiben schneiden
1 Prise Salz
Öl
Butter

So wird es gemacht:

☺ Backofen auf 180°C vorheizen.

☺ Kochbananenstreifen mit etwas Salz bestreuen und in Butter dünsten, bis sie Farbe annehmen ➡ eine Auflaufform mit Öl bepinseln, die gebratenen Kochbananen und die Käsescheiben schichten. Die letzte Schicht sollte Käse sein ➡ Milch oder Sahne darüber gießen, Auflaufform in den Backofen schieben und ca. 20 bis 25 Minuten backen. Die Flüssigkeit darf nicht völlig verdampfen.

Vermerk:

Einige Costa Ricaner reiben Parmesankäse über die Sahne bevor die Auflaufform in den Backofen geschoben wird.

Das Gericht kann auch süß zubereitet werden, die Zutaten bleiben die gleichen, man streut nur noch ca. eine 1/2 Tasse Zucker über die geschichteten Kochbananen, bevor sie gebacken werden.

❁❁❁❁❁❁❁❁❁❁

Kochbananen mit Zimt und Zucker

Zutaten:

3 reife Kochbananen, schälen und in ca. 1,5 cm dicke Scheiben schneiden
1 Tasse Zucker
1½ Tassen Wasser
Zimt, zum abschmecken
Öl
Butter

So wird es gemacht:

☺ Bananenscheiben in etwas Öl oder Butter bei mittlerer Hitze goldbraun braten, aus der Pfanne nehmen und auf Küchenpapier legen, damit das überschüssige Öl entfernt wird.
☺ Wasser und Zucker in einen Topf geben und zum Kochen bringen, dabei rühren bis der Zucker aufgelöst ist ➠ Kochbananenscheiben und Zimt dazugeben, ca. 15 Minuten köcheln lassen, mit Zimt abschmecken und servieren.

<u>Vermerk:</u>
Die gebratenen Scheiben können auch ohne Sirup serviert werden. Nur mit etwas Zucker bestreut schmecken sie auch sehr gut.

❁❁❁❁❁❁❁❁❁❁❁

Cassava (Yuca, Maniok, Tapioca) Gebratene Cassava

Zutaten:

500g Cassava, schälen, in dicke Streifen schneiden, dann in Würfel
Folgende Zutaten mit etwas Salz in einen Mörser geben und zerdrücken:
- 1 bis 2 Knoblauchzehen, schälen und zerkleinern
- 1 Esslöffel Petersilienblätter
- 1/2 Teelöffel mildes Paprikapulver
- 1 Prise Pfeffer

Butter oder Öl
Salz

So wird es gemacht:

☺ Reichlich Wasser mit etwas Salz in einem Topf zum Kochen bringen ➟ Cassavawürfel in das kochende Wasser geben und bei mittlerer Hitze kochen lassen, bis die Cassava gar sind ➟ in ein Sieb geben und abtropfen lassen.
☺ Die abgekühlten Cassava in einer Schüssel mit der Knoblauchpaste vermengen, und ca. 15 Minuten stehen lassen.
☺ Etwas Butter oder Öl in einer Pfanne erhitzen ➟ Cassavawürfel in die heiße Butter geben und rundherum knusprig braten ➟ mit Salz abschmecken und in einer Schüssel servieren.

❁❁❁❁❁❁❁❁❁❁

Cassavabällchen mit Käse Enyucados

Enyucados werden in Costa Rica den ganzen Tag auf den Märkten angeboten.

Zutaten:

250 g Cassava, schälen und in Würfel schneiden
1 kleine Zwiebel, schälen und fein hacken
1 Knoblauchzehe, schälen, mit etwas Salz in einem Mörser zerdrücken
1 kleine, milde Peperoni, der Länge nach halbieren, Samen entfernen und fein hacken
1/4 Tasse weißer Käse
Paniermehl
1 Esslöffel Butter
Öl zum Braten

So wird es gemacht:

☺ Cassava in einem Topf mit Wasser bedecken und kochen lassen, bis sie gar sind ➟ in ein Sieb geben, abtropfen und kurz abkühlen lassen.

☺ Dann Zwiebeln, Knoblauchpaste, Peperoni, weißen Käse und Butter dazugeben, mit einer Gabel oder in der Küchenmaschine pürieren und abschmecken.

☺ Paniermehl auf einen Teller geben ➟ Cassavapüree zwischen den Handflächen zu kleinen Kugeln formen (eventuell die Hände mit Wasser anfeuchten) und im Paniermehl wälzen.

☺ Öl in einer tiefen Pfanne erhitzen ➟ Cassavabällchen in das heiße Öl geben und goldbraun braten, aus der Pfanne nehmen, auf Küchenpapier das überschüssige Öl abtropfen lassen und als Beilage servieren.

❁❁❁❁❁❁❁❁❁❁

Gefüllte Cassavabällchen

Zutaten für die Bällchen:

Weißkohl, Blätter hacken, mit Salz bestreuen und beiseitestellen
*1 Stück mageres Fleisch
Ein paar Tropfen Chilisoße
Etwas Soja- oder Worcestersoße
Salz
Pfeffer
Öl
Tortillafladen
Zutaten für die Soße (jeweils 1 bis 2 Esslöffel):
Tomatensaft, Senf, Mayonnaise, Soja- oder Worcestersoße

Zutaten für die Füllung:

100 g Hackfleisch
1 kleine Schalotte, schälen und fein hacken
1 kleine, milde Peperoni, Stielansatz abschneiden, der Länge nach halbieren, Samen entfernen und fein hacken
1 Teelöffel Soja- oder Worcestersoße
Öl
Salz und Pfeffer

So wird es gemacht:

☺ Alle Zutaten in einer Schüssel gut vermengen.

☺ Öl in einer Pfanne erhitzen, Hackfleischmasse in das heiße Öl geben und braten, bis die Flüssigkeit verdampft ist ➟ salzen und pfeffern ➟ Pfanne vom Herd nehmen und abkühlen lassen.

☺ Cassavapüree fertigstellen wie auf Seite 32 beschrieben und zu kleinen Bällchen formen ➟ Zeigefinger in das Bällchen stechen und das Bällchen etwas drehen, damit die

Bällchenwand dünner wird ➟ Füllung in das Loch geben und das Bällchen zwischen den Handflächen drehen, dabei schließt sich die Öffnung, damit die Füllung beim Braten nicht auslaufen kann ➟ Bällchen in Paniermehl wälzen.
☺ Öl in einer Pfanne erhitzen und die gefüllten Cassavabällchen goldbraun braten.

Vermerk:
Die Bällchen können auch mit anderen Zutaten gefüllt werden. Zum Beispiel mit geriebenem Käse oder Lauchzwiebeln, etc.

❁❁❁❁❁❁❁❁❁❁❁

Pürierte Bohnen

Zutaten:

1½ Tassen Schwarze Bohnen, über Nacht in Wasser einweichen
1 Selleriestange, welke Blätter entfernen, Wurzelansatz abschneiden und Stange klein schneiden
1 mittelgroße Zwiebel, schälen und hacken
1 bis 2 Knoblauchzehen, schälen und hacken
1 lange, milde Peperoni, Stielansatz abschneiden, der Länge nach halbieren, Samen entfernen und hacken
1/2 Bund Petersilie, Blätter waschen und hacken
1 Esslöffel gehackte Korianderblätter
1/2 Teelöffel mildes Paprikapulver
Chilisoße, Menge nach Geschmack
Salz und Pfeffer
1 Esslöffel Olivenöl

So wird es gemacht:

☺ Bohnen, Sellerie, Zwiebel, Knoblauch und Peperoni in einen Topf geben, Wasser darüber gießen und kochen lassen, bis die Bohnen sehr weich sind ➟ in ein Sieb geben

und die Kochflüssigkeit in einem Topf oder einer Schale aufbewahren.
☺ Die abgekühlten Bohnen in einer Küchenmaschine mit Paprikapulver, Chilisoße, Petersilie, Koriander, Olivenöl, Salz und Pfeffer pürieren. Falls die Masse sehr dickflüssig ist, beim pürieren etwas Kochwasser dazugießen.
☺ Backofen auf ca. 150°C vorheizen.
☺ Eine Auflaufform mit Öl fetten ➡ Bohnenpüree in die Form geben und die Oberfläche glatt streichen, in den Backofen schieben und das Gericht heiß werden lassen.

Vermerk:
Man kann das Bohnenpüree auch in einem Topf erhitzen.

❁❁❁❁❁❁❁❁❁❁❁

Escabeche

Marinierte Zutaten in Essig und Öl

Zutaten:

2 Karotten, Stielansätze und Spitzen abschneiden, schälen, der Länge nach halbieren und in dünne Scheiben schneiden
1 Handvoll grüne Bohnen, Spitzen abschneiden und vierteln
1 Handvoll frische Erbsen
6 bis 7 Blumenkohlröschen
1 lange, milde Peperoni, Stielansatz abschneiden, der Länge nach halbieren, Samen entfernen und hacken
1 kleine Zwiebel oder Schalotte, schälen, halbieren und in feine Streifen schneiden
2 bis 3 Knoblauchzehen, schälen, mit etwas Salz in einem Mörser zerdrücken
3 bis 4 Nelken
1 Tasse Weinessig
1/4 Tasse Öl

Einige Blätter Basilikum und Oregano
Salz
1 Tasse Wasser

So wird es gemacht:

☺ Öl in einer tiefen Pfanne bei mittlerer Hitze erhitzen ➡ Zwiebeln darin glasig dünsten ➡ Knoblauchpaste dazugeben, umrühren und das Gemüse und ca. 1/4 Tasse Wasser dazugeben, alles ca. 5 Minuten dünsten ➡ die restlichen Zutaten dazugeben, umrühren und bei schwacher Hitze köcheln lassen, bis das Gemüse gar ist ➡ Pfanne vom Herd nehmen und abkühlen lassen, dann den Pfanneninhalt in eine Servierschale geben und bis zum Servieren in den Kühlschrank stellen.

❁❁❁❁❁❁❁❁❁❁

Karotten und Grüne Bohnen

Zutaten:

2 Tassen geviertelte Grüne Bohnen
2 große Karotten, schälen und in dünne Streifen schneiden
2 Knoblauchzehen, schälen, mit etwas Salz in einen Mörser geben und zerdrücken
1 kleine Zwiebel, schälen und hacken
3 bis 4 Lauchzwiebeln hacken. Ersatzweise 1 Stange Sellerie
1/2 Bund Koriander, Blätter waschen und grob hacken
1 Tasse Brühe
Insgesamt 1 Teelöffel verschiedene Gewürze: Paprikapulver, Piment, Cayennepfeffer, Ingwerpulver
Salz
Pfeffer
Öl

So wird es gemacht:

☺ Etwas Öl in einer tiefen Pfanne erhitzen und die Zwiebeln darin glasig dünsten ➟ Knoblauchpaste dazugeben, umrühren und kurz dünsten ➟ Peperoni, Lauchzwiebeln oder Sellerie, Karotten und Bohnen dazugeben und dünsten, bis die Zutaten etwas Farbe annehmen ➟ Gewürze, Koriander, Salz und Pfeffer darüber geben, umrühren und die Brühe dazugießen, kurz zum Kochen bringen, dann bei mittlerer Hitze kochen lassen, bis das Gemüse gar ist ➟ abschmecken und servieren.

❁❁❁❁❁❁❁❁❁❁❁

Papaya mit Gewürzwurst

Zutaten:

500 g Papayafruchtfleisch, in Würfel schneiden
1 spanische Gewürzwurst (Chorizo), ersatzweise türkische Gewürzwurst, in kleine Würfel schneiden
100 bis 150 g Hackfleisch
1 Zwiebel, schälen und hacken
1 Knoblauchzehe, schälen, mit etwas Salz in einen Mörser geben und zerdrücken
2 Lauchzwiebeln, klein schneiden
1 kleine, lange, milde Peperoni, Stielansatz abschneiden, der Länge nach halbieren, Samen entfernen und hacken
1/2 Teelöffel mildes Paprikapulver
2 bis 3 Esslöffel gehackter Koriander
1 Esslöffel Sojasoße oder 1 Teelöffel Worcestersoße
Salz
Öl

So wird es gemacht:

☺ Papaya in einem Topf mit Wasser bedecken und kochen lassen bis sie gar sind ➡ in ein Sieb geben, abtropfen lassen und beiseitestellen.

☺ Etwas Öl in einer tiefen Pfanne erhitzen ➡ Zwiebeln in dem heißen Öl glasig dünsten, Knoblauchpaste untermengen und kurz dünsten ➡ Lauchzwiebeln, Peperoni, etwas Salz und Paprikapulver untermengen und ein paar Minuten weich dünsten ➡ Hackfleisch und gewürfelte Wurst unterrühren und dünsten, bis das Hack gar ist und Farbe annimmt ➡ Papaya und Koriander dazugeben und bei schwacher Hitze köcheln lassen, bis die Papaya heiß ist ➡ abschmecken und servieren.

Vermerk:
Statt Papaya kann man Arracache (siehe Seite 5) verwenden.

❁❁❁❁❁❁❁❁❁❁

Reis - Arroz Grundrezept Variante 1

Zutaten:

1 Tasse Langkornreis
1 Teelöffel Salz
2 Tassen Wasser

So wird es gemacht:

☺ Reis mit kaltem Wasser waschen und in einen Topf geben ➡ 2 Tassen kaltes Wasser darüber gießen ➡ Salz dazugeben ➡ kurz aufkochen lassen ➡ auf kleiner Flamme köcheln lassen, bis die Flüssigkeit verdampft und der Reis gar und trocken ist (ca. 20 Minuten) ➡ heiß servieren.

Variante 2

Zutaten:

1 Tasse Langkornreis
1 Teelöffel Salz
2 Esslöffel Öl oder Butter
2 Tassen Wasser

So wird es gemacht:

☺ Reis mit kaltem Wasser waschen und in einem Sieb abtropfen lassen.

☺ Öl oder Butter in einem Topf erhitzen ➟ Reis dazugeben ➟ unter Rühren 2 bis 3 Minuten anrösten ➟ 2 Tassen kaltes Wasser und Salz dazugeben ➟ umrühren und kurz aufkochen lassen ➟ bei schwacher Hitze 20 bis 25 Minuten garen, bis die Flüssigkeit verdampft und der Reis gar und trocken ist ➟ heiß servieren.

❁❁❁❁❁❁❁❁❁❁

Costa Ricanischer Reis

Zutaten:

1 Tasse Langkornreis, waschen und abtropfen lassen
2 Tassen Wasser
1 Teelöffel Salz
1½ bis 2 Esslöffel Öl
1 Knoblauchzehe, schälen und mit etwas Salz in einem Mörser zerdrücken
1 kleine Zwiebel oder Schalotte, schälen und fein hacken
2 bis 3 Lauchzwiebeln, fein hacken
1 kleine, lange, milde Peperoni, Stielansatz abschneiden, der Länge nach halbieren, Samen entfernen und hacken

So wird es gemacht:

☺ Öl in einem Topf erhitzen ➟ Zwiebeln dazugeben und glasig dünsten, Knoblauchpaste untermengen und die restlichen Zutaten (außer Reis und Wasser) dazugeben und dünsten, bis die Peperonistücke gar sind ➟ Reis und Salz untermengen, dann Wasser darüber gießen, umrühren und Topf zudecken ➟ Topfinhalt kurz zum Kochen bringen, dann bei schwacher Hitze ca. 15 bis 20 Minuten köcheln lassen, bis der Reis gar und trocken ist ➟ heiß als Beilage servieren.

❁❁❁❁❁❁❁❁❁❁

Weißkohlsalat

Zutaten:

2 bis 3 Tassen kleingeschnittenen Weißkohl, waschen und abtropfen lassen
1/2 Bund Koriander, Blätter waschen und grob hacken
Limetten- oder Zitronensaft
1 große Tomate, in kleine Würfel schneiden
Olivenöl
Salz
Pfeffer

So wird es gemacht:

☺ Weißkohl, Koriander und Tomaten in eine Servierschale geben und vermengen, dann ein paar Esslöffel Olivenöl, etwas Limettensaft, Salz und Pfeffer dazugeben, gut vermengen, abschmecken und servieren.

❁❁❁❁❁❁❁❁❁❁

Suppen

Schwarze Bohnen Suppe
Sopa Negra

Zutaten:

1½ Tassen Schwarze Bohnen, ein paar Stunden in Wasser einweichen
1 kleine Zwiebel, schälen und hacken
1/2 Bund Koriander, Blätter waschen und hacken
1 milde, lange Peperoni, Stielansatz abschneiden, der Länge nach halbieren, Samen entfernen und hacken. Ersatzweise 1/2 Paprikaschote
2 bis 3 Lauchzwiebeln, welke Halme entfernen, Enden abschneiden und hacken
1 bis 2 Knoblauchzehen, schälen, mit etwas Salz in einem Mörser zerdrücken
*2 Eier
Salz
Pfeffer
Öl

So wird es gemacht:

☺ Bohnen in ca. 1 Liter Wasser gar kochen. Falls viel Flüssigkeit verdampft ist, heißes Wasser nachgießen.
☺ Etwas Öl in einer Pfanne erhitzen ➟ Zwiebeln in dem heiße Öl weich dünsten, Knoblauchpaste untermengen und kurz dünsten, dann zu den Bohnen geben. Danach die Lauchzwiebeln und Peperoni kurz dünsten und mit den Bohnen gut verrühren ➟ Koriander dazugeben ➟ mit Salz und Pfeffer abschmecken und die Kochplatte ausschalten.

☺ *Die Eier über einer Schale aufschlagen, gut verrühren und mit etwas Salz und Pfeffer abschmecken, dann die Eier langsam in die Suppe gießen und dabei umrühren ➟ Topf zudecken und ein paar Minuten warten, bis die Eier gestockt sind ➟ Suppe abschmecken und heiß servieren.

Vermerk:

Man kann auf die gestockten Eier in der Suppe verzichten. Stattdessen die Eier hartkochen und vierteln. Dann die Suppe in Tellern anrichten und mit den Eiern garnieren.

❁❁❁❁❁❁❁❁❁❁❁

Pansensuppe mit Gemüse

Zutaten:

500 g Pansen, in ca. 2 cm Würfel schneiden, waschen und abtropfen lassen

1 kleine Cassava (Maniok), schälen und in kleine Würfel schneiden

1 kleine Taroknolle, schälen und in kleine Würfel schneiden

2 Kochbananen, Schale entfernen, der Länge nach halbieren und in kleine Scheiben schneiden

2 Karotten, Spitzen und Enden abschneiden, schälen und in kleine Würfel schneiden

1 Süßkartoffel, schälen und in kleine Würfel schneiden

1 Kartoffel, schälen und in kleine Würfel schneiden

1 Maiskolben, in dünne Scheiben schneiden

2 bis 3 Lauchzwiebeln, welke Halme entfernen, Enden abschneiden und hacken

1 Zwiebel, schälen und hacken

1 Knoblauchzehe, schälen, mit etwas Salz in einen Mörser geben und zerdrücken

Chilipulver, Menge nach Geschmack
1 Teelöffel Paprikapulver
1/2 Bund frischer Thymian. Ersatzweise 1 Teelöffel getrockneter Thymian
2 bis 3 Esslöffel Sojasoße oder Worcestersoße
Salz
Pfeffer
Öl oder Butter

So wird es gemacht:

☺ Etwas Öl in einer Pfanne erhitzen, Zwiebeln dazugeben und glasig dünsten, Knoblauchpaste untermengen und kurz dünsten ➟ Pfanne vom Herd nehmen und beiseitestellen.

☺ Pansen in einen großen Topf geben und mit Wasser bedecken ➟ gedünstete Zwiebeln, Thymian, Chilipulver, Paprikapulver, 1 Esslöffel Sojasoße oder Worcestersoße, Salz und Pfeffer zum Pansen geben und zum Kochen bringen, dann bei mittlerer Hitze kochen lassen, bis die Pansenwürfel sehr weich sind.

☺ Cassava und Taro zum Pansen geben und köcheln lassen, bis sie halb gar sind, dann das restliche Gemüse und Sojasoße oder Worcestersoße dazugeben ➟ heißes Wasser darüber gießen bis alles bedeckt ist und köcheln lassen, bis das Gemüse gar ist ➟ Suppe mit Salz, Pfeffer und Paprikapulver abschmecken und heiß servieren.

❁❁❁❁❁❁❁❁❁❁

Kürbissuppe

Ayote ist ein Winterkürbis der in Costa Rica zu finden ist. Anstelle von Ayote kann man andere Winterkürbise (zum Beispiel Hokkaido) verwenden.

Zutaten:

1 kg Kürbisfruchtfleisch (Winterkürbis)
1/4 Tasse Sahne
3/4 Tasse Milch
2 Tassen Wasser
Salz
Pfeffer

So wird es gemacht:

☺ Wasser, etwas Salz und Kürbisfruchtfleisch in einen Topf geben und kochen lassen, bis der Kürbis sehr weich ist ➟ Topfinhalt in ein Sieb geben und die Kochflüssigkeit in einer Schale auffangen.

☺ Kürbisfruchtfleisch in einer Küchenmaschine pürieren ➟ Püree zurück in den Topf geben, Sahne, Milch, Kürbiskochwasser, etwas Salz und Pfeffer dazugeben und gut verrühren, bei schwacher Hitze 7 bis 8 Minuten unter Rühren köcheln lassen, ➟ Suppe abschmecken und heiß servieren.

❁❁❁❁❁❁❁❁❁❁

Maissuppe

Zutaten:

2 Maiskolben, Körner vom Kolben lösen (siehe Seite 5) oder 250 g tiefgefrorene Maiskörner auftauen lassen. Man kann auch Maiskörner aus der Dose verwenden
1 große Kartoffel, schälen und in kleine Würfel schneiden
1 Schalotte oder Zwiebel, schälen und hacken
2 Tassen Wasser oder Brühe
250 ml Sahne. Nach Belieben kann man auch Sahne und Milch mischen
Salz
Pfeffer
Ca. 2 Esslöffel Butter

So wird es gemacht:

☺ Butter in einem Topf zerlassen ➟ Schalotte oder Zwiebel dazugeben und glasig dünsten ➟ Wasser oder Brühe, Maiskörner, Kartoffeln, etwas Salz und Pfeffer dazugeben und kochen lassen, bis die Körner weich sind ➟ Topf vom Herd nehmen und kurz abkühlen lassen, dann den Topfinhalt in einer Küchenmaschine pürieren.
☺ Pürierten Mais zurück in den Topf geben, Sahne dazugießen, umrühren und zum Kochen bringen ➟ mit Salz und Pfeffer abschmecken und heiß servieren.

❁❁❁❁❁❁❁❁❁❁

Pejibaye Suppe

Pejibaye: Pfirsichdattel, siehe Seite 5. In Costa Rica ist die Pejibaye sehr bekannt, man findet sie überall auf den Märkten. In Deutschland ist diese Frucht sehr selten oder überhaupt nicht zu bekommen. Wer seinen Urlaub in Costa Rica verbringt, sollte diese Dattel einmal probieren.

Zutaten:

52

6 bis 7 Pfirsichdatteln
1 kleine Zwiebel, schälen und hacken
1 Tasse Milch
1/2 Tasse Sahne
1 Tasse Hühnerbrühe oder Gemüsebrühe
1/2 Bund Petersilie, Blätter waschen und grob hacken
Salz
Pfeffer
1 Esslöffel Butter

So wird es gemacht:

☺ Pfirsichdatteln in Salzwasser gar kochen, schälen, halbieren, Kerne entfernen und die Datteln etwas zerkleinern.

☺ Alle Zutaten, außer Petersilie, in einer Küchenmaschine pürieren, dann in einen Topf geben und bei mittlerer Hitze 10 bis 15 Minuten kochen lassen ➟ mit Salz und Pfeffer abschmecken ➟ die Suppe in Teller füllen, mit Petersilie bestreuen und heiß servieren.

❁❁❁❁❁❁❁❁❁❁❁

Hühnersuppe mit Tortilla

Zutaten:

2 Hähnchenbrüste oder ein kleines Suppenhuhn
1 Zwiebel, schälen und fein hacken
1 Zwiebel, schälen und halbieren
1 bis 2 Knoblauchzehen, schälen und mit etwas Salz in einem Mörser zerdrücken
1 Tomate, fein hacken
1 kleine Chilischote, Stielansatz abschneiden, der Länge nach halbieren, Samen entfernen und fein hacken
1/2 Bund Koriander
1 Teelöffel gemahlener Kreuzkümmel
Salz
Pfeffer
Limettensaft
1 Fladen Tortilla, in kleine Stücke schneiden
Öl oder Butter

So wird es gemacht:

☺ Hähnchenbrust mit 2 Litern Wasser, etwas Salz und der halbierte Zwiebel in einen Topf geben und kochen lassen, bis das Fleisch gar ist ➟ Brühe durch ein Sieb gießen und in einem Topf oder einer Schale auffangen ➟ Hühnerfleisch abkühlen lassen, dann in kleine Würfel schneiden und beiseitestellen.
☺ Tortillastücke in einer Pfanne rösten und beiseitestellen.
☺ Etwas Öl oder Butter in einem Topf erhitzen ➟ Zwiebeln in dem heißen Öl glasig dünsten, Knoblauchpaste und Chili untermengen und kurz mitdünsten ➟ Tomaten zu den Zwiebeln geben und dünsten, bis die Flüssigkeit verdampft ist ➟ Hühnerbrühe dazugießen, dann Hühnerfleisch, Kreuzkümmel, Salz und Pfeffer und alles zum Kochen bringen.

☺ Kurz vor dem Servieren, Korianderblätter hacken und zur Suppe geben ➟ mit Limettensaft und Salz abschmecken, in Teller füllen, etwas geröstete Tortilla darüber verteilen und servieren.

Vermerk:

In einigen Gebieten wird die Suppe mit, in kleine Würfel geschnittener, Avocado garniert.

❁❁❁❁❁❁❁❁❁❁

Hauptgerichte

Reisgerichte

Rodón

Zutaten:

250 g Maniok (Cassava, siehe Seite 5), schälen und in Würfel schneiden
500 g Fleisch, in Würfel schneiden (ca. 3 bis 4 cm). Man kann statt Fleisch auch Fisch verwenden
1 Kochbanane, schälen und in Scheiben schneiden
1 kleine Taroknolle, schälen und in Würfel schneiden
3 Tassen Kokosnussmilch
1 Zwiebel, schälen und hacken
3 bis 4 Lauchzwiebeln, Stielansätze abschneiden und welke Halme entfernen. Zwiebeln hacken. Ersatzweise Sellerie
1/2 Bund Petersilie, Blätter waschen und hacken
1 Bund frischer Thymian, hacken. Ersatzweise 2 bis 3 Teelöffel getrockneter Thymian
Salz
Pfeffer
Öl oder Butter

Taro

So wird es gemacht:

☺ Etwas Öl in einer Pfanne erhitzen, Fleischstücke dazugeben, salzen, pfeffern und gar braten ➟ aus der Pfanne nehmen und beiseitestellen.
☺ Kokosnussmilch in einen Topf geben ➟ mit Maniok, Taro und Kochbananen zum Kochen bringen und bei mittlerer Hitze gar kochen ➟ die restlichen Zutaten und das gebratene Fleisch untermengen ➟ abschmecken und bei schwacher Hitze köcheln lassen, bis die Masse dickflüssig wird ➟ heiß mit Reis servieren.

✯✯✯✯✯✯✯✯✯✯

Reis mit Bohnen - Gallo Pinto

Traditionelles Afro-Karibisches Gericht aus der Provinz Limon.

Zutaten:

2 Tassen Kokosnussmilch
Ca. 1/2 Tasse getrocknete Rote Bohnen, in reichlich Wasser, 1 bis 2 Stunden, einweichen und in einem Sieb abtropfen lassen
2 Tassen Reis, waschen und abtropfen lassen
1 lange, milde Peperoni, Stielansatz abschneiden, der Länge nach halbieren, Samen entfernen und fein hacken. Ersatzweise 1 kleine Paprikaschote
1/2 Bund Petersilie, Blätter waschen und hacken
1 scharfe Chilischote oder Chilisoße, Menge nach Geschmack
1 Teelöffel getrockneter Thymian
Salz
Pfeffer

So wird es gemacht:

☺ Bohnen in einem Topf mit Wasser bedecken und kochen lassen, bis sie weich sind ➟ Topfinhalt in ein Sieb gießen und die Kochflüssigkeit auffangen.

☺ Reis, gekochte Bohnen, gehackte Peperoni oder Paprikaschote, Petersilie, Chilischote, Thymian, ca. 2 Teelöffel Salz und Pfeffer in einen großen Topf geben ➟ 2 Tassen Kokosnussmilch und ca. 2 Tassen Bohnenkochwasser dazugießen und gut vermengen ➟ Topf zudecken und zum Kochen bringen, dann bei schwacher Hitze köcheln lassen, bis der Reis gar ist. Das kann 25 bis 30 Minuten dauern.

<u>Vermerk:</u>
Vor dem Servieren die Chilischote entfernen.

✯✯✯✯✯✯✯✯✯✯✯

Reis mit Huhn

Zutaten:

2 Tassen Langkornreis, waschen und abtropfen lassen
2 Hühnerbrüste
1 kleine Stange Sellerie, welke Blätter entfernen, Ende abschneiden, der Länge nach halbieren und in dünne Scheiben schneiden
1/2 Tasse Erbsen
1 Handvoll Grüne Bohnen, Spitzen abschneiden und in kleine Stücke schneiden
1 bis 2 Karotten, schälen, der Länge nach halbieren und in dünne Scheiben schneiden
1 große Tomate, in kleine Würfel schneiden
1 Zwiebel, schälen und in kleine Würfel schneiden
1 lange, milde Peperoni, Stielansatz abschneiden, der Länge nach halbieren, Samen entfernen und hacken
1 bis 2 Knoblauchzehen, schälen, mit etwas Salz und 1/4 Teelöffel Paprikapulver in einem Mörser zerdrücken
1/2 Teelöffel Worcestersoße. Ersatzweise 1 Teelöffel Sojasoße
1/2 Teelöffel 5 Gewürze (im Lebensmittelhandel erhältlich)
Butter oder Öl
Salz
Pfeffer

So wird es gemacht:

☺ 5 bis 6 Tassen Wasser mit 1 Teelöffel Salz und der Hühnerbrust in einen Topf geben und kochen lassen, bis das Fleisch gar ist ➟ aus der Brühe nehmen, abkühlen lassen, in kleine Würfel schneiden und beiseitestellen.
☺ In der Hühnerbrühe die Karotten, Erbsen und Bohnen gar kochen, mit einem Schaumlöffel aus der Brühe nehmen und in einem Sieb abtropfen lassen.
☺ Topf vom Herd nehmen und abkühlen lassen.
☺ Etwas Butter oder Öl in einer tiefen Pfanne erhitzen ➟ Zwiebeln in dem heißen Fett glasig dünsten, Knoblauchpaste untermengen und kurz mitdünsten ➟ Tomaten und Peperoni dazugeben und dünsten, bis die Flüssigkeit verdampft ist ➟ das gekochte Gemüse, Sellerie, Gewürze, Worcestersoße, etwas Salz und Pfeffer in die Pfanne geben, umrühren und ein paar Minuten dünsten ➟ mit Salz und Pfeffer abschmecken ➟ Pfanne vom Herd nehmen und beiseitestellen.
☺ Reis, 4 Tassen Hühnerbrühe und ca. 1 Teelöffel Salz in einen Topf geben ➟ umrühren ➟ Pfanneninhalt über den Reis geben, Topf zudecken und kurz zum Kochen bringen, dann bei schwacher Hitze 10 Minuten köcheln lassen ➟ Topfinhalt mit einer Gabel gut vermengen und weitere 10 Minuten köcheln lassen, bis der Reis gar und trocken ist ➟ heiß mit Salat servieren.

✯✯✯✯✯✯✯✯✯✯

Reis mit Fleisch

Zutaten:

1½ Tassen Langkornreis, waschen und abtropfen lassen
500 g Fleisch, in kleine Würfel schneiden, waschen und abtropfen lassen
1 große Tomate, hacken
1 mittelgroße Zwiebel, schälen und hacken
2 Knoblauchzehen, schälen mit etwas Salz und 1/2 Teelöffel mildem Paprikapulver in einem Mörser zerdrücken
1 bis 2 lange, milde Peperoni, Stielansätze abschneiden, der Länge nach halbieren, Samen entfernen und hacken
2 bis 3 Lauchzwiebeln, hacken
1 Teelöffel Worcestersoße. Ersatzweise Sojasoße
1 kleine Taroknolle, schälen und in kleine Würfel schneiden
1 Teelöffel Achiote (siehe Seite 5). Ersatzweise mildes Paprikapulver
2 Esslöffel gehackter Koriander
1/2 Teelöffel 5 Gewürze (im Handel erhältlich)
Salz
Pfeffer
Öl

So wird es gemacht:

☺ Fleisch, Paprikapulver, Worcestersoße (oder Sojasoße), 3 Tassen Wasser, etwas Salz und Pfeffer in einen Topf geben und kochen lassen, bis das Fleisch gar ist ➟ Topfinhalt durch ein Sieb gießen und die Brühe auffangen.

☺ Reis, 3 Tassen Brühe und 1 Teelöffel Salz in einen Topf geben ➟ Topf zudecken und kurz zum Kochen bringen, dann bei schwacher Hitze 15 bis 20 Minuten köcheln lassen, bis der Reis gar und trocken ist.

☺ Etwas Öl in einer tiefen Pfanne erhitzen ➟ Zwiebeln in das heiße Öl geben und glasig dünsten, Knoblauchpaste untermengen und kurz dünsten ➟ Tomaten und Taro dazugeben und dünsten, bis der Taro weich ist ➟ Achiote, Gewürze, Peperoni, Lauchzwiebeln, Koriander, etwas Salz und Pfeffer untermengen und dünsten, bis die Peperoni weich ist ➟ Fleisch dazugeben, umrühren und kurz erhitzen, dann den Pfanneninhalt mit dem gekochten, heißen Reis gut vermengen und servieren.

Vermerk:

Statt Taro kann auch eine andere Gemüsesorte verwendet werden, zum Beispiel: Erbsen, Karotten, Bohnen, etc.

✯✯✯✯✯✯✯✯✯✯

Palmherzen-Reisauflauf

Zutaten:

1 große Dose Palmherzen, Inhalt in einem Sieb abtropfen lassen, dann die Palmherzen in Scheiben oder der Länge nach in dünne Streifen schneiden
2 Tassen Langkornreis, waschen und abtropfen lassen
2 Tassen Gemüsebrühe
1 Tasse Tomatensaft
1/2 Tasse Sahne
1/2 Tasse Milch
1½ Tassen geriebener, milder Käse
2 Esslöffel Paniermehl
1 Teelöffel Achiote. Ersatzweise mildes Paprikapulver
Ein paar Tropfen Chilisoße
1/4 Teelöffel Piment
Salz
Pfeffer

So wird es gemacht:

☺ Reis, 1½ Teelöffel Salz, 2 Tassen Gemüsebrühe und 2 Tassen Wasser in einen Topf geben, umrühren, Topf zudecken und kurz zum Kochen bringen, dann bei sehr schwacher Hitze ca. 20 Minuten köcheln lassen, bis der Reis gar und trocken ist.
☺ Backofen auf 180°C vorheizen.
☺ Palmherzen in eine Schale geben ➟ Tomatensaft, Piment, Achiote, Salz, Pfeffer und Chilisoße über die Palmherzenstücke geben und gut vermengen.
☺ Milch, Sahne und 1/2 Tasse Käse in einem kleinen Topf erhitzen, dabei rühren, bis der Käse geschmolzen ist ➟ Topf vom Herd nehmen und beiseitestellen.

☺ Eine Schicht Reis in eine Auflaufform geben und mit etwas Tomaten-Palmherzsoße bedecken, darauf kommt etwas Sahne-Milchsoße und darüber geriebener Käse. Diesen Vorgang wiederholen, bis alle Zutaten verbraucht sind. Die letzte Schicht soll Tomatensoße und darauf geriebener Käse sein. Die Oberfläche wird mit Paniermehl bestreut ➟ Auflaufform in den vorgeheizten Backofen schieben und ca. 15 Minuten backen.

✯✯✯✯✯✯✯✯✯✯

Gemüse- und Fleischgerichte

Chayote mit Mais

Zutaten:

1 Tasse gewürfeltes Chayotefruchtfleisch (siehe Seite 5). Ersatzweise Kürbis
2 Maiskolben, Körner von dem Kolben lösen (siehe Abb. 54 und Seite 5). Ersatzweise Mais aus der Dose oder tiefgefrorener Mais

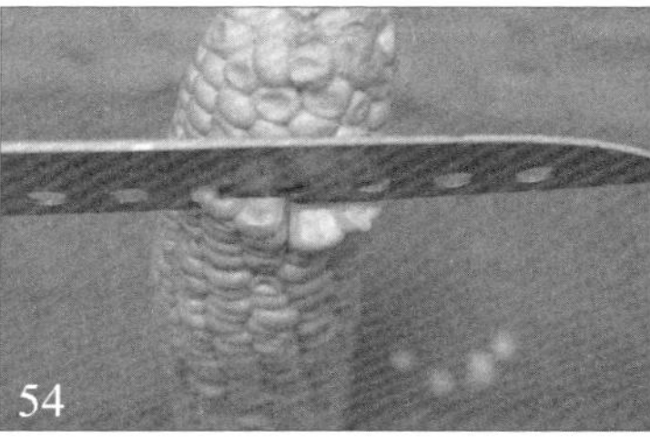
54

1/2 Tasse Sahne oder Milch
1 kleine Zwiebel oder Schalotte, schälen und hacken
1 Knoblauchzehe, schälen, mit etwas Salz und Paprikapulver in einen Mörser geben und zerdrücken
1 Tasse Brühe
1 Esslöffel gehackter Koriander
2 Esslöffel gehackte Petersilie
1 Teelöffel Zucker
Butter
1 Prise weißer Pfeffer

So wird es gemacht:

☺ Etwas Butter in einem Topf zerlassen ➟ Zwiebeln in der heißen Butter weich dünsten, Knoblauchpaste untermengen, dann die restlichen Zutaten in den Topf geben, Topf zudecken und kurz aufkochen lassen, dann bei schwacher Hitze köcheln lassen, bis das Gemüse gar ist ➟ heiß mit Reis servieren.

Vermerk:
Das Gericht kann auch ohne Zwiebeln, Knoblauch, Pfeffer und Koriander gekocht werden.

****

Chayote mit Fleisch

Zutaten:

250 g Hackfleisch
1 Tasse gewürfeltes Chayotefruchtfleisch. Ersatzweise Kürbis
1 Tasse frische Maiskörner. Ersatzweise tiefgefrorener Mais oder Mais aus der Dose
1 lange, milde Peperoni, Stielansatz abschneiden, der Länge nach halbieren, Samen entfernen und hacken
1 Tomate, klein gewürfelt
1/2 Bund Koriander, Blätter waschen und hacken
1 bis 2 Esslöffel gehackte Petersilie
1/2 Tasse Brühe
1 Zwiebel, schälen und hacken
2 Knoblauchzehen, schälen, mit etwas Salz in einem Mörser zerdrücken
2 Lauchzwiebeln, hacken. Ersatzweise 1 Stange Sellerie
1 Teelöffel Worcestersoße
1/2 Teelöffel 5Gewürze (im Handel erhältlich)
1/2 Teelöffel mildes Paprikapulver
Eventuell ein paar Tropfen Chilisoße
Salz
Pfeffer
Öl

So wird es gemacht:

☺ Etwas Öl in einen Topf geben und erhitzen ➠ Zwiebeln in dem heißen Öl glasig dünsten, Knoblauchpaste untermengen, dann Tomaten und Peperoni dazugeben, umrühren und dünsten, bis die Peperoni weich sind und viel Flüssigkeit verdampft ist ➠ Hackfleisch untermengen, salzen, pfeffern und braten, bis das Hackfleisch Farbe annimmt ➠ Worcestersoße, 5Gewürze, Paprikapulver und eventuell ein paar Tropfen Chilisoße zum Hack geben und gut vermengen ➠ Chayote oder Kürbis, Mais, Sellerie, Lauchzwiebeln, Petersilie und Koriander in den Topf geben, dann die Brühe darüber gießen ➠ Topf zudecken und kurz zum Kochen bringen, dann bei schwacher Hitze köcheln lassen, bis das Gemüse gar ist. Falls die Flüssigkeit beim Kochen verdampft ist, etwas Brühe oder Wasser nachgießen.

✯✯✯✯✯✯✯✯✯✯

Gefüllte Chayote mit Käse

Zutaten:

1 Chayotefrucht. Ersatzweise 1 kleiner Kürbis, der Länge nach halbieren, Samen und Strunk entfernen
1 bis 1½ Tassen zerkleinerter, milder, weißer Käse
Ein paar Esslöffel geriebener Parmesankäse
Butter
Ein paar Esslöffel Paniermehl
1 Teelöffel Zucker
Salz

So wird es gemacht:

☺ Chayote oder Kürbis vorbereiten:

Chayote- oder Kürbishälften in einen großen Topf geben, mit Wasser bedecken, etwas Salz dazugeben und kochen lassen (ca. 30 Minuten), bis sie gar sind ➡ mit einem Schaumlöffel vorsichtig aus dem Topf nehmen und abkühlen lassen.
Die abgekühlten Chayote- oder Kürbishälften aushöhlen, das Fruchtfleisch zerkleinern und in einer Schale beiseitestellen.
Vorsicht, Chayote- oder Kürbisschale nicht beschädigen.
☺ Backofen auf 180°C vorheizen.

☺ Füllung vorbereiten:

Weißen Käse und etwas Zucker zum Gemüsefruchtfleisch geben und gut vermengen.

☺ Gericht fertigstellen:

Die fertige Füllung in die Chayote– oder Kürbishälften füllen, mit Parmesankäse und Paniermehl bestreuen ➡ in den Backofen schieben und ca. 10 Minuten backen lassen oder bis die Oberflächen der gefüllten Chayotes Farbe annehmen ➡ aus dem Backofen nehmen und heiß servieren.

Sahnekürbis

Zutaten:

2 kleine Kürbisse
1/2 Tasse Sahne
1/2 Tasse geriebener Käse
1/4 Tasse geriebener Parmesankäse
Ein paar Esslöffel Paniermehl
Salz

So wird es gemacht:

☺ Die beiden Kürbisse in einen Topf geben, mit Wasser bedecken, etwas Salz dazugeben und kochen lassen, bis sie gar sind ➟ mit einem Schaumlöffel aus dem Wasser nehmen und abkühlen lassen ➟ die abgekühlten Kürbisse halbieren, Samen und Strunk entfernen ➟ Kürbisse mit einem Löffel aushöhlen und das Fruchtfleisch in eine Schale geben.

☺ Backofen auf 180°C vorheizen.

☺ Geriebenen Käse, etwas Parmesankäse und Sahne mit dem Kürbisfruchtfleisch gut vermengen ➟ Füllung in die 4 Kürbishälften geben, mit Parmesankäse und Paniermehl bestreuen.

☺ Die gefüllten Kürbishälften auf ein Backblech oder in eine Auflaufform geben, in den Backofen schieben und ca. 10 Minuten backen ➟ heiß servieren.

✯✯✯✯✯✯✯✯✯✯

Gefüllte Chayote mit Hackfleisch

Zutaten:

2 Chayotes. Ersatzweise 2 kleine Kürbisse. Waschen, der Länge nach halbieren, Samen und Strunk entfernen

Zutaten für die Füllung:

250 g Hackfleisch
50 g geräuchertes Fleisch, in kleine Würfel schneiden
2 Zwiebeln, schälen und fein hacken
1 bis 2 Knoblauchzehen, schälen, mit etwas Salz in einen Mörser geben und zerdrücken
2 lange, milde Peperoni, Stielansätze abschneiden, der Länge nach halbieren, Samen entfernen und hacken
1 große Tomate, halbieren, Stielansatz abschneiden, Samen entfernen und hacken
1 bis 2 eingelegte, milde Peperoni, Stielansätze abschneiden und hacken
1 bis 2 Lauchzwiebeln, welke Halme entfernen, Enden abschneiden und hacken
1 bis 2 Esslöffel gehackte Korianderblätter
2 Esslöffel gehackte Petersilie
2 Esslöffel Tomatenmark, in 1/4 Tasse warmen Wasser auflösen. Ersatzweise Tomatensaft
1 Teelöffel Kurkuma
Chilipulver, Menge nach Geschmack oder Chilisoße
Salz
Pfeffer
Öl
Paniermehl

So wird es gemacht:

☺ Chayotes oder Kürbisse vorbereiten:

Chayote- oder Kürbishälften in einen großen Topf geben, mit Wasser bedecken und kochen lassen (ca. 30 Minuten), bis sie gar sind ➟ mit einem Schaumlöffel aus dem Topf nehmen und abkühlen lassen.
Die abgekühlten Chayote- oder Kürbishälften aushöhlen, das Fruchtfleisch zerkleinern und beiseitestellen.

☺ Gericht fertigstellen:

Etwas Öl in einer großen Pfanne erhitzen ➟ Zwiebeln dazugeben und glasig dünsten ➟ Knoblauchpaste untermengen und kurz dünsten ➟ Hackfleisch dazugeben und knusprig braten ➟ geräucherte Fleischwürfel, Lauchzwiebeln, Tomaten, Peperoni, Koriander, Petersilie, angerührtes Tomatenmark (oder Tomatensaft), etwas Chilipulver (oder Chilisoße), Salz und Pfeffer dazugeben, gut vermengen und köcheln lassen ➟ Chayotefruchtfleisch untermengen und ein paar Minuten köcheln lassen ➟ Pfanne vom Herd nehmen, mit Chilipulver und Salz abschmecken.

☺ Backofen auf 180°C vorheizen.

☺ Die fertige Füllung in die Chayotehälften geben, mit Paniermehl bestreuen ➟ in den Backofen schieben und ca. 10 Minuten backen lassen oder bis die Oberflächen der gefüllten Chayotes Farbe annehmen ➟ aus dem Backofen holen und heiß servieren

✯✯✯✯✯✯✯✯✯✯

Cassava mit Fleisch

Zutaten:

500 g Cassava (Maniok, Tapioca), schälen und in Würfel (ca. 2 bis 3 cm) schneiden
500 g Fleisch, in kleine Würfel schneiden, waschen und abtropfen lassen
2 Tassen klein geschnittener Weißkohl
3 bis 4 große Tomaten, hacken
1 Zwiebel, schälen und hacken
1 Bund Petersilie, Blätter waschen und hacken
1 Bund Koriander, Blätter waschen und hacken
2 lange, milde Peperoni, Stielansätze abschneiden, der Länge nach halbieren, Samen entfernen und hacken
Limetten
Ein paar Tropfen Chilisoße
Salz und Pfeffer
Essig
Butter

So wird es gemacht:

☺ Cassavawürfel in Salzwasser gar kochen, in einem Sieb abtropfen lassen und warm halten.

☺ Fleischwürfel in einem Topf mit Wasser bedecken ➠ etwas Salz und Chilisoße dazugeben und kochen lassen, bis das Fleisch sehr weich ist ➠ Topfinhalt in ein Sieb geben, abtropfen lassen und warm halten.

☺ Weißkohl in kochendem Wasser kurz blanchieren, in ein Sieb geben und abtropfen lassen ➠

☺ Etwas Butter in einer Pfanne erhitzen ➠ Fleischstücke und Weißkohl in die heiße Butter geben, umrühren und erhitzen.

☺ Tomaten, Peperoni, Petersilie und Koriander zum Fleisch geben, gut vermengen und auf Servierteller füllen, rundherum die Cassava verteilen und mit Limettenscheiben anrichten.

Gefüllte Kartoffeln mit Fleisch

Zutaten:

4 große kochfeste Kartoffeln oder 8 mittelgroße Kartoffeln
100 g Hackfleisch
2 bis 3 Tassen Tomatensaft
1 bis 2 Esslöffel gehackte Petersilie
1 kleine Zwiebel, schälen und fein hacken
1 Ei, aufschlagen, in eine kleine Schale geben und gut verrühren
4 bis 5 Esslöffel geriebener Käse
Jeweils 1/4 Teelöffel verschiedene Gewürze:
Piment, Paprikapulver, Korianderpulver
Jeweils 1 Teelöffel verschiedene, getrocknete Kräuter:
Thymian, Oregano, Dill
Öl
Salz
Pfeffer

So wird es gemacht:

55

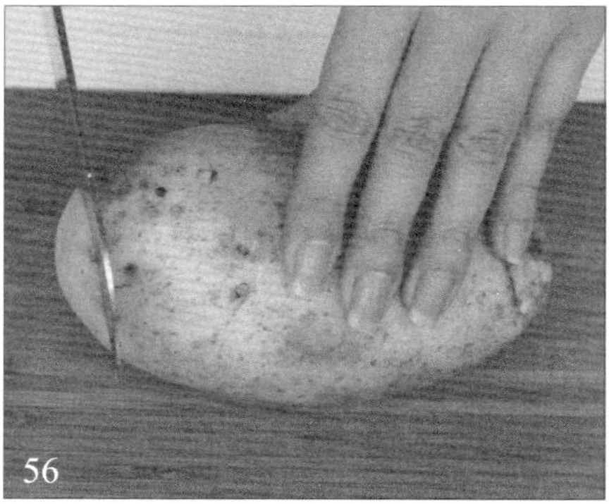

56

☺ Kartoffeln gründlich waschen.

☺ Damit die Kartoffelhälften im Topf oder in der Auflaufform gerade stehen, die Enden der Kartoffelhälften etwas abschneiden.

☺ Kartoffeln in Salzwasser halbgar kochen, in einem Sieb abtropfen und abkühlen lassen.

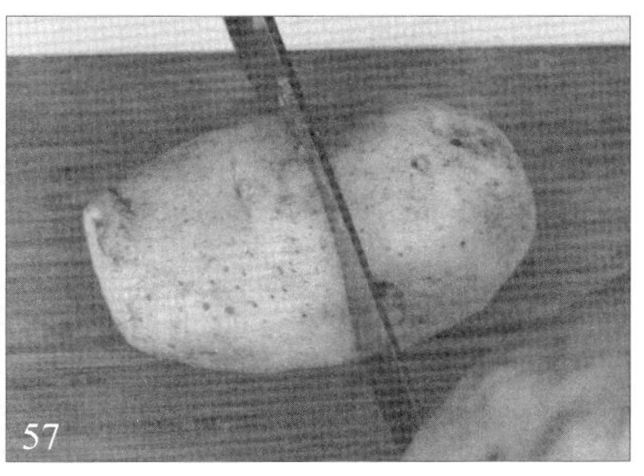
57

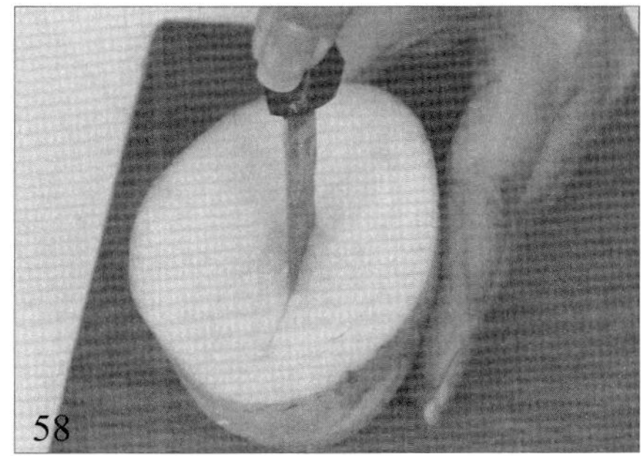
58

☺ Mit Hilfe eines kleinen Messers, Sparschälers (Abb. 60) oder eines Löffels die Kartoffelhälften aushöhlen, dabei geht man vom Rand ca. 1 cm weg und schneidet die Kartoffel tief rundherum ein, dabei darauf achten, dass der äußere Rand nicht beschädigt wird ➟ die Oberfläche kreuzweise einschneiden und mit dem Messer oder einem Löffel vorsichtig aushöhlen, bis rundherum ein 1 cm breiter Rand übrig ist ➟ die heraus geschnittenen Kartoffelstücke in kleine Würfel schneiden und beiseitestellen.

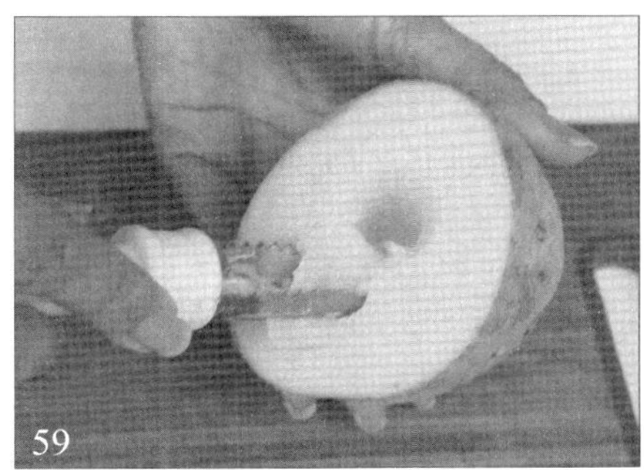
59

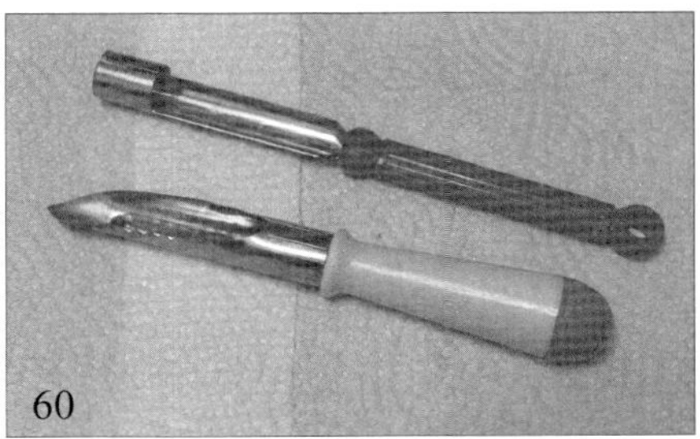
60

☺ Etwas Öl in einer Pfanne erhitzen ➟ Zwiebeln in heißem Öl glasig dünsten, Hackfleisch, Gewürze und etwas Salz zu den Zwiebeln geben, gut vermengen und braten, bis sie Farbe annehmen und die Flüssigkeit verdampft ist ➟ Pfanne vom Herd nehmen ➟ Kartoffelwürfel und Petersilie untermengen und warten, bis die Pfanne kalt ist ➡ Ei und geriebenen Käse zum Hackfleisch geben und gut vermengen.

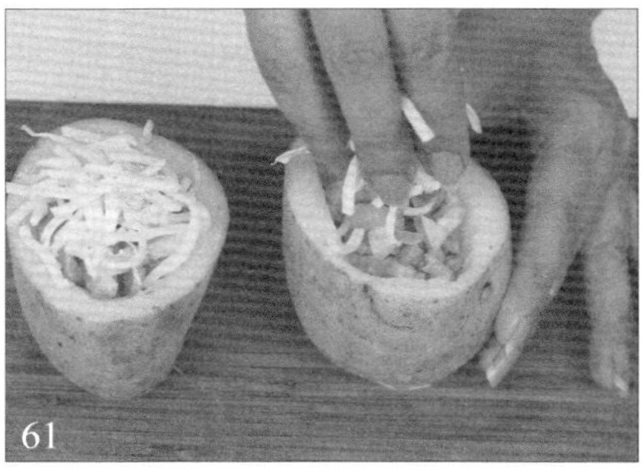
61

62

☺ Kartoffelhälften mit Hackmischung füllen, die Oberfläche mit Parmesankäse bestreuen und in einen Topf oder eine Auflaufform stellen ➡ Tomatensaft mit Salz und Pfeffer abschmecken und über die Kartoffelhälften gießen. Die Kartoffelhälften sollen mit dem Tomatensaft fast bedeckt sein.
☺ Auflaufform in den Backofen schieben und backen, bis die Kartoffeln gar sind. Oder den Topf zudecken und kurz zum Kochen bringen, dann bei schwacher Hitze köcheln lassen, bis die Kartoffeln gar sind.
☺ Heiß mit Salat servieren.

Vermerk:

① Die Kartoffeln können mit oder ohne Schale gekocht werden

② Falls kleine Kartoffeln verwendet werden, sollten sie geschält, halbgar gekocht, kurz rundherum in Öl gebraten, dann gefüllt und dann fertig gegart werden.

63

☆☆☆☆☆☆☆☆☆☆

Vegetarische Variante

Zutaten:

4 große bzw. 8 mittelgroße Kartoffeln
100 g Kürbisfruchtfleisch, in Würfel schneiden. Man kann auch andere Gemüsesorten verwenden oder auch Tofu
1 kleine Tomate, hacken
1 bis 2 Esslöffel gehackte Petersilie
2 Esslöffel gehackter Koriander
1 Zwiebel, schälen und fein hacken
1/4 Teelöffel mildes Paprikapulver
Ein paar Chiliflocken oder Chilisoße
Salz
Pfeffer
Butter

So wird es gemacht:

☺ Kartoffeln, wie auf Seite 74, 75 und 76 beschrieben, vorbereiten.

☺ Alle Zutaten für die Füllung in eine Schale geben, gut vermengen und abschmecken, dann wie auf Seite 74 bis 76 beschrieben die Kartoffeln füllen und weiterverarbeiten.

★★★★★★★★★★

64 Yam

65 Süßkartoffel

Kartoffelpfanne

Zutaten:

500 g Kartoffeln, schälen und in kleine Würfel schneiden
1 spanische oder türkische Gewürzwurst, in kleine Würfel schneiden
2 bis 3 Lauchzwiebeln, welke Halme entfernen, Enden abschneiden und fein hacken
1/2 Teelöffel Soja- oder Worcestersoße
1/2 Teelöffel mildes Paprikapulver, falls möglich Achiotepulver
Salz

So wird es gemacht:

☺ Kartoffeln in Salzwasser gar kochen, in ein Sieb geben, abtropfen lassen und warm halten.
☺ Wurstwürfel in eine tiefe Pfanne geben und bei schwacher Hitze erhitzen, bis sie weich sind ➟ Kartoffeln, Lauchzwiebeln, Paprikapulver und Soja- oder Worcestersoße zur Wurst geben, gut vermengen ➟ abschmecken und servieren.

✯✯✯✯✯✯✯✯✯✯

Gemüse mit Fleisch

Zutaten:

1 kg verschiedene Gemüsesorten:
- Taro
- Kürbis
- Kartoffeln
- Kochbananen
- Yam
- Süßkartoffel
- Maiskolben, in Scheiben schneiden
- Karotten

oder Gemüse, welches man auf dem Markt findet

Alle Gemüsesorten, schälen und in Würfel schneiden

500 g Fleisch, in Würfel schneiden, waschen und abtropfen lassen

2 lange, milde Peperoni, Stielansätze abscheiden, der Länge nach halbieren, Samen entfernen und hacken

1 bis 2 Knoblauchzehen, schälen, mit etwas Salz in einen Mörser geben und zerdrücken

1 Zwiebel, schälen und hacken

1/2 Bund Koriander, Blätter waschen und hacken

1/2 Bund Petersilie, Blätter waschen und hacken

Insgesamt 1 Esslöffel getrocknete Kräuter, zum Beispiel, Thymian, Oregano

1/2 Teelöffel mildes Paprikapulver

Chilisoße, Menge nach Geschmack

1 Teelöffel Worcestersoße

Salz

Pfeffer

4 bis 5 Tassen Wasser

So wird es gemacht:

☺ Wasser, Fleischwürfel, Worcestersoße, Zwiebeln, Knoblauchpaste, Peperoni, Koriander, Petersilie, Salz, Pfeffer und Paprikapulver in einen Topf geben und bei mittlerer Hitze ca. 1 bis 1½ Stunde kochen lassen „Nicht zum Brodeln bringen".

☺ Wenn die Farbe der Brühe dunkler wird, die Brühe zum Brodeln bringen, dann die Gemüsesorten nach und nach, also zuerst das Gemüse das längere Zeit zum Garen braucht, in die Brühe geben und alles bei mittlerer Hitze gar kochen lassen ➟ das Gericht mit Salz, Pfeffer und Chilisoße abschmecken, in eine Servierschale geben und heiß mit Reis servieren. Eventuell mit Petersilie bestreuen.

✯✯✯✯✯✯✯✯✯✯

Steak mit Zwiebeln

Zutaten:

4 Steaks, ca.1,5 bis 2 cm dick
3 Zwiebeln, schälen und in dünne Scheiben schneiden
1 kleine Knoblauchzehe, schälen, in einen Mörser geben und zerdrücken
2 Teelöffel verschiedene getrocknete Kräuter. Zum Beispiel, Dillspitzen, Thymian, Oregano
1/2 Teelöffel mildes Paprikapulver
1 Teelöffel Worcestersoße. Ersatzweise Sojasoße
1 bis 2 Teelöffel Mehl
Salz
Pfeffer
Öl oder Butter

So wird es gemacht:

☺ Fleisch in eine Schale legen ➟ etwas Öl, Salz, Pfeffer, Knoblauchpaste, Kräuter und Worcestersoße darüber geben ➟ das Fleisch in der Marinade wälzen, Schale zudecken und ca. 30 Minuten beiseitestellen.

☺ Zwiebeln in eine Schale geben, Mehl und etwas Marinade dazugeben und gut vermengen ➟ etwas Öl oder Butter in einer großen Pfanne erhitzen, Zwiebeln dazugeben und goldbraun braten ➟ den größten Teil der gebratenen Zwiebeln auf einen Servierteller geben.

☺ Steak in der Butter von beiden Seiten ein paar Minuten braten, auf die gebratenen Zwiebeln geben, die restlichen

Zwiebeln darauf verteilen und servieren.

✮✮✮✮✮✮✮✮✮✮✮

Fleisch mit Bohnen

Zutaten:

500 g Fleisch, in ca. 2 bis 3 cm Würfel schneiden, waschen und abtropfen lassen
500 g Weiße Bohnen, in Wasser für ein paar Stunde einweichen, in ein Sieb geben und abtropfen lassen
2 Karotten, Spitzen und Enden abschneiden, schälen und in Scheiben schneiden
4 bis 5 Kartoffeln, schälen und in Würfel schneiden
2 bis 3 lange, milde Peperoni, Stielansätze abschneiden, der Länge nach halbieren, Samen entfernen und hacken
1 Bund Lauchzwiebeln, welke Halme entfernen, Enden abschneiden und hacken
1 Zwiebel, schälen und hacken
2 bis 3 Esslöffel gehackter Koriander
Ein paar Esslöffel gehackte Petersilie
1 Esslöffel Worcestersoße. Ersatzweise Sojasoße
1/2 Teelöffel mildes Paprikapulver
Salz
Pfeffer
Öl

Vermerk:
Man kann auch andere Gemüsesorten verwenden. Etwas Chilisoße gibt dem Gericht einen besseren Geschmack.

So wird es gemacht:

☺ Etwas Öl in einem Topf erhitzen ➟ Zwiebeln in dem heißen Öl glasig dünsten, Fleischwürfel, Peperoni, etwas Salz und Pfeffer dazugeben und braten, bis die Fleischwürfel Farbe annehmen und die Flüssigkeit verdampft ist ➟ ca. 4 Tassen Wasser und die Bohnen zum Fleisch geben, umrühren und kochen lassen, bis das Fleisch fast gar ist ➟ Bohnen, Gemüse, Worcestersoße, Lauchzwiebeln, Koriander, Petersilie, Salz und Pfeffer in den Topf geben, umrühren, Topf zudecken und köcheln lassen, bis das Gemüse gar ist ➟ mit Salz abschmecken und heiß mit Reis servieren.

☆☆☆☆☆☆☆☆☆☆

Kichererbsen mit Fleisch

Zutaten:

250 g getrocknete Kichererbsen, über Nacht in Wasser einweichen. Ersatzweise 1 große Dose gekochte Kichererbsen
250 g Fleisch, in kleine Würfel schneiden, waschen und abtropfen lassen
3 bis 4 Tomaten
1 große Zwiebel, schälen und hacken
2 bis 3 Knoblauchzehen, schälen, mit etwas Salz in einen Mörser geben und zerdrücken
1 Stange Sellerie, welke Blätter entfernen, Ende abschneiden und hacken
2 lange, milde Peperoni, Stielansätze abschneiden, der Länge nach halbieren, Samen entfernen und hacken
1/2 Bund Koriander, Blätter waschen und hacken
1 Esslöffel gehackter Thymian
1 Teelöffel getrockneter Oregano
1/2 Teelöffel mildes Paprikapulver

Salz und Pfeffer
Öl

So wird es gemacht:

☺ Tomaten enthäuten und hacken:

67

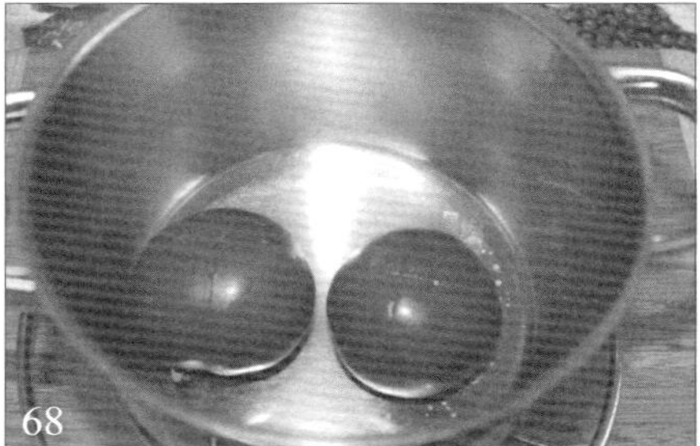
68

① Tomatenhaut mit einem Messer anritzen, in einen Topf geben, mit kochendem Wasser überbrühen und kurz im Wasser liegen lassen.

69

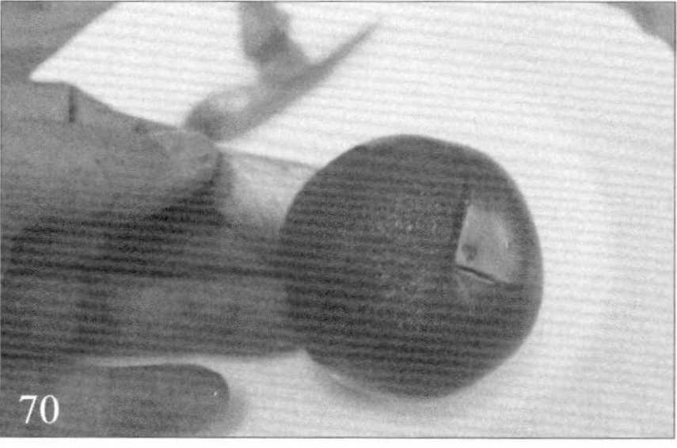
70

② Tomaten mit einem Schaumlöffel aus dem Topf nehmen, kurz unter kaltes Wasser halten, danach die Haut abziehen.

71

72

③ Tomaten halbieren, Samen entfernen und hacken.

☺ Eingeweichte Kichererbsen in ein Sieb geben, dann in einen Topf geben, reichlich Wasser darüber gießen und kochen lassen, bis sie sehr weich sind. Bei manchen Kichererbsensorten kann das garen über 1 Stunde dauern ➞ die gekochten Kichererbsen in ein Sieb geben und abtropfen lassen.

☺ Etwas Öl in einem Topf erhitzen ➞ Zwiebeln in dem heißen Öl glasig dünsten ➞ Knoblauchpaste, Peperoni und Tomaten zu den Zwiebeln geben, gut vermengen und kurz dünsten ➞ Sellerie, Koriander, Paprikapulver, Thymian, Oregano, Salz und Pfeffer in den Topf geben, umrühren und dünsten, bis viel Flüssigkeit verdampft ist ➞ Fleischwürfel in den Topf geben, gut vermengen und ein paar Minuten dünsten, dann mit Wasser bedecken und kochen lassen, bis die Fleischwürfel gar sind ➞ Kichererbsen zum Fleisch geben, umrühren, abschmecken und heiß mit Reis servieren.

✯✯✯✯✯✯✯✯✯✯

Palmherzen Auflauf

Zutaten:

1 großes Glas oder 1 Dose Palmherzen, aus dem Glas oder der Dose nehmen, in ein Sieb geben, abtropfen lassen und in Scheiben schneiden
1 Tasse geriebener Käse
1 Tasse Sahne
1 bis 2 Esslöffel Paniermehl
Butter

So wird es gemacht:

☺ Backofen auf 180°C vorheizen.

☺ Eine Auflaufform mit zerlassener Butter bepinseln.

☺ Palmherzen in der Auflaufform schichten ➞ Sahne mit dem Käse zusammen vermengen und über die Palmherzen gießen ➞ Paniermehl auf die Oberfläche streuen ➞ Auflaufform in den Backofen schieben und ca. 10 bis 15 Minuten backen.

☆☆☆☆☆☆☆☆☆☆☆

Gefüllte, lange, milde Peperoni

Zutaten:

4 große, lange, milde Peperoni

Zutaten für die Füllung:

250 g Hackfleisch
1 Schalotte oder kleine Zwiebel, schälen und hacken
1 Knoblauchzehe, schälen, mit etwas Salz in einen Mörser geben und zerdrücken
1 Tomate, hacken
2 bis 3 Esslöffel gehackte Korianderblätter
Ein paar Tropfen Chilisoße
1/4 Teelöffel Worcestersoße
Salz
Pfeffer
Öl

So wird es gemacht:

☺ Etwas Öl in einer Pfanne erhitzen ➟ Schalotte oder Zwiebel in das heiße Öl geben und glasig dünsten, Knoblauchpaste untermengen und kurz mitdünsten ➟ Tomaten untermengen und dünsten, bis die Flüssigkeit fast verdampft ist ➟ Hackfleisch, Salz, Pfeffer, ein paar Tropfen Chilisoße und Worcestersoße dazugeben, umrühren und köcheln lassen, bis das Hackfleisch gar ist ➟ Koriander untermengen, Pfanne vom Herd nehmen und beiseitestellen.

☺ Die Peperoni waschen, die Stielansätze abschneiden und Samen entfernen ➟ Hackfleischfüllung in die Peperoni füllen.

☺ Etwas Öl in der Pfanne erhitzen, die gefüllten Peperoni in das heiße Öl geben und rundherum braten, bis sie weich sind ➟ heiß mit Salat servieren.

Oder

☺ Nach der Entfernung der Stielansätze und Samen, die Peperoni mit etwas Öl einreiben und unter dem Backofengrill von allen Seiten grillen, bis die Peperonihaut ihre Farbe ändert ➟ aus dem Backofen nehmen, abkühlen lassen und mit Hackfleisch füllen, dann in die Pfanne geben rundherum erhitzen und heiß servieren.

✯✯✯✯✯✯✯✯✯✯

Variante 2

Zutaten:

4 lange, milde Peperoni, Stielansatz abschneiden, der Länge nach halbieren und Samen entfernen
250 g Hackfleisch
1/4 Tasse Reis, waschen und abtropfen lassen
1/2 Tasse Tomatensaft oder 2 Esslöffe Tomatenmark in einer 1/2 Tasse warmem Wasser auflösen
1 Tasse geriebener Käse, Sorte nach Geschmack
Je 1/4 Teelöffel:
- Oregano
- Kümmel oder Kreuzkümmel
- Mildes Paprikapulver
- Chilipulver

2 bis 3 Esslöffel gehackte Petersilie
Salz
Pfeffer
Öl

So wird es gemacht:

☺ Füllung vorbereiten:
Etwas Öl in einem Topf erhitzen, Hackfleisch dazugeben und braten, bis die Flüssigkeit verdampft ist und das Hack eine braune Farbe angenommen hat ➡ Reis und Gewürze dazugeben, umrühren und kurz braten ➡ Tomatensaft oder aufgelöstes Tomatenmark und Wasser darüber gießen, bis es ca. 1 cm über dem Reis steht ➡ etwas Salz (1/2 Teelöffel) und Pfeffer dazugeben, gut umrühren, Topf zudecken und kurz zum Kochen bringen, dann bei schwacher Hitze köcheln lassen, bis der Reis gar ist ➡ Topf vom Herd nehmen und beiseitestellen.

☺ Backofen auf 180°C vorheizen.

☺ Reichlich Wasser und etwas Salz in einem Topf zum Kochen bringen, die halbierten Peperoni in das kochende Wasser geben und ca. 2 Minuten kochen lassen ➡ in ein Sieb gießen, abtropfen und abkühlen lassen.

☺ Eine Auflaufform mit Öl bepinseln ➡ halbierte Peperoni in die Auflaufform geben und mit der Reismischung füllen, dann mit geriebenem Käse bestreuen ➡ Auflaufform zudecken und für ca. 20 Minuten in den Backofen schieben, dann den Deckel entfernen und weiter 5 Minuten garen, damit die Oberflächen der Peperoni Farbe annehmen ➡ mit Salz abschmecken und heiß servieren.

✮✮✮✮✮✮✮✮✮✮

Fleisch in Tomatensoße

Zutaten:

500 g Fleisch, in längliche Streifen schneiden (ca. 1 bis 1½ cm dick), dann die Streifen in dünne, kleine Stücke oder Streifen schneiden, waschen und abtropfen lassen

5 bis 6 Tomaten, enthäuten (siehe Seite 82), halbieren, Samen entfernen und hacken. Ersatz-

weise 1 Tasse Tomatensaft oder 2 bis 3 Esslöffel Tomatenmark in 1 Tasse warmem Wasser auflösen
2 kleine Zwiebeln.
    1 Zwiebel, grob hacken
    1 Zwiebel, halbieren
1 Bund Thymian
2 bis 3 Esslöffel gehackte Petersilie
1 bis 2 Esslöffel gehackter Koriander
1 bis 2 Knoblauchzehen, schälen und vierteln
1 Teelöffel mildes Paprikapulver
Salz
Pfeffer
1 Teelöffel Worcestersoße oder Sojasoße
Eventuell ein paar Tropfen Chilisoße
Öl

So wird es gemacht:

☺ Fleischstücke, halbierte Zwiebel, Thymian, Salz und Pfeffer in einen Topf geben, mit Wasser bedecken und kochen lassen, bis das Fleisch gar ist. Inzwischen die Soße fertigkochen.
☺ Fleischstücke aus der Brühe nehmen.
☺ Tomaten, gehackte Zwiebel, Petersilie, Koriander, getrocknete Kräuter, 1 bis 2 Esslöffel Öl, Worcestersoße, Salz, Pfeffer und eventuell ein paar Tropfen Chilisoße in eine Küchenmaschine geben und pürieren. Falls die Masse sehr dickflüssig ist, etwas Brühe oder Wasser dazugeben und gut verrühren ➡ Soße abschmecken, in einen Topf geben, Fleischstreifen in die Soße geben, Topf zudecken und köcheln lassen, bis die Soße dicker wird ➡ heiß mit Reis servieren.

✵✵✵✵✵✵✵✵✵✵

Fleischbällchen

Zutaten:

500 g Hackfleisch
1 Ei, aufschlagen, in eine Schale geben und gut verrühren
2 Esslöffel Maismehl. Ersatzweise Paniermehl oder Mehl
1 Knoblauchzehe, schälen und vierteln
1 große Zwiebel, schälen und hacken
2 bis 3 Lauchzwiebeln, welke Halme und Enden abschneiden, dann hacken
2 lange, milde Peperoni, Stielansätze abschneiden, der Länge nach halbieren, Samen entfernen und hacken
1/2 Bund Petersilie, Blätter waschen
1 bis 2 Teelöffel Worcestersoße. Ersatzweise Sojasoße
1 Teelöffel getrockneter Koriander
1 Teelöffel getrockneter Thymian
1 Teelöffel mildes Paprikapulver
1/4 Teelöffel Piment
Salz
Pfeffer
Öl

So wird es gemacht:

☺ Zwiebel, Knoblauch, Lauchzwiebeln, Peperoni, Petersilie, Koriander, Thymian, Paprikapulver, Piment, Worcestersoße, etwas Salz und Pfeffer in eine Küchenmaschine geben und pürieren.
☺ Hackfleisch in eine Schüssel geben, Maismehl, Ei und Gewürzmischung dazugeben und gut verkneten ➡ Schüssel zudecken und ca. 1/2 Stunde stehen lassen.
☺ Reichlich Öl in einer tiefen Pfanne erhitzen ➡ Hackmi-

schung zwischen den Handflächen zu Bällchen formen und in dem heißen Öl rundherum knusprig braun braten.
Die Fleischbällchen können mit Reis oder Brot und Salat serviert werden.

☆☆☆☆☆☆☆☆☆☆

Frikadellen mit Maismehl

Zutaten:

500 g Hackfleisch
1/2 Tasse Maismehl
1 Zwiebel, schälen und fein hacken
1 bis 2 Knoblauchzehen, schälen, mit etwas Salz in einen Mörser geben und zerdrücken
1/2 Bund Petersilie, Blätter waschen und hacken
1 Teelöffel getrockneter Koriander
1 kleine, milde Peperoni, Stielansatz abschneiden, der Länge nach halbieren, Samen entfernen und fein hacken
1 Ei, aufschlagen, in eine kleine Schale geben und gut verrühren
1/2 Teelöffel süßes Paprikapulver
Salz
Pfeffer
1 bis 2 Teelöffel Worcestersoße oder Sojasoße
Öl, zum Braten

So wird es gemacht:

☺ alle Zutaten (außer Öl) in eine Schüssel geben, gut vermengen und mit der Hand verkneten ➡ Schüssel zudecken und 2 bis 3 Stunden kalt stellen.
☺ Öl in einer tiefen Panne erhitzen ➡ Hackfleischmischung zwischen den Handflächen zu kleinen Kugeln formen, flachdrücken und in dem heißen Öl goldbraun braten, aus der Pfanne nehmen, abtropfen lassen und heiß mit Reis und Salat oder Tortillafladen servieren.

Fleisch mit Mais

Zutaten:

250 g getrockneter Mais, ca. 30 Minuten in Wasser einweichen, waschen, in ein Sieb geben und abtropfen lassen
250 g Fleisch, in Würfel schneiden, waschen und abtropfen lassen
2 Zwiebeln, schälen und hacken
2 Knoblauchzehen, schälen, mit etwas Salz in einem Mörser zerdrücken
2 bis 3 Tomaten, enthäuten (siehe Seite 82), Kerne entfernen und hacken
2 lange, milde Peperoni, Stielansätze abschneiden, der Länge nach halbieren, Samen entfernen und hacken. Ersatzweise Paprikaschoten
1/2 Teelöffel mildes Paprikapulver
1/4 Teelöffel Piment
2 bis 3 Esslöffel gehackter Koriander
2 bis 3 Esslöffel gehackte Petersilie
1 Teelöffel Oregano
1 Teelöffel Worcestersoße oder Sojasoße
Salz
Pfeffer

So wird es gemacht:

☺ Fleischstücke in einem Topf mit Wasser bedecken ➞ Knoblauchpaste, Zwiebeln, Tomaten, Paprikapulver, Piment, Salz und Pfeffer dazugeben und kochen lassen, bis das Fleisch gar ist ➞ Mais und Worcestersoße untermengen, kochen lassen, bis der Mais fast gar ist ➞ Koriander und Petersilie dazugeben, abschmecken und den Mais gar kochen lassen.

✩✩✩✩✩✩✩✩✩✩

Pansen in Tomatensoße

Zutaten:

500 g Pansen, in ca. 2 cm kleine Streifen schneiden, waschen, in eine Schale geben, mit Wasser und 2 bis 3 Esslöffeln Essig bedecken, 30 Minuten stehen lassen, dann in einem Sieb abtropfen lassen
250 g Fleisch, in kleine Würfel schneiden, waschen und abtropfen lassen
4 bis 5 Tomaten, halbieren, Samen entfernen und in Würfel schneiden
3 Knoblauchzehen:
① 2 Zehen schälen, mit etwas Salz in einem Mörser zerdrücken
② 1 Zehe schälen und halbieren
1 Zwiebel, schälen und vierteln
1 Tasse Erbsen
1 bis 2 Karotten, Spitzen und Enden abschneiden, schälen und in Scheiben schneiden
1 große Kartoffel, schälen und in kleine Würfel schneiden
1 bis 2 lange, milde Peperoni, Stielansätze abschneiden, der Länge nach halbieren, Samen entfernen und hacken
1/2 Bund Thymian
1/2 Bund Rosmarin
2 bis 3 Esslöffel gehackter Koriander
2 bis 3 Esslöffel gehackte Petersilie
1/2 Teelöffel 5Gewürze, im Handel erhältlich
1 Esslöffel getrocknete Kräuter (Thymian, Oregano)
1 bis 2 Teelöffel Worcestersoße
Öl

So wird es gemacht:

☺ Pansen, Thymian, Rosmarin, halbierten Knoblauch, Zwiebeln, Salz und Pfeffer in einen Topf geben, mit Wasser bedecken und kochen lassen, bis die Pansenstücke fast gar sind ➟ Fleischwürfel dazugeben und kochen lassen, bis die Fleischwürfel und die Pansenstücke gar sind.

☺ Tomaten, Knoblauchpaste, Worcestersoße, Koriander, Petersilie, 5Gewürze, getrocknete Kräuter, etwas Öl, Salz und Pfeffer in einer Küchenmaschine pürieren, zwischendurch eine Tasse Wasser oder Wasser und Fleischbrühe dazugeben ➟ Soße abschmecken.

☺ Tomatensoße in einen Topf gießen ➟ Erbsen, Karotten und Kartoffeln zu der Soße geben und bei mittlerer Hitze kochen lassen, bis das Gemüse fast gar ist. Wenn viel Flüssigkeit verdampft ist, etwas Wasser oder Brühe dazugeben ➟ Pansen und Fleischstücke mit einem Schaumlöffel aus der Brühe nehmen, zum Gemüse geben, umrühren und köcheln lassen, bis das Gemüse gar ist ➟ heiß mit Reis und Salat servieren.

Vermerk:

Wer das Gericht scharf haben möchte, kann etwas Chilisoße beim letzten Kochvorgang dazugeben.

✯✯✯✯✯✯✯✯✯✯

Kürbis in Tomatensoße

Zutaten:

500 bis 600 g Kürbisfruchtfleisch, in Würfel schneiden

2 bis 3 Zucchini, Stielansätze abschneiden, der Länge nach halbieren und in Scheiben schneiden

4 bis 5 große Tomaten, hacken

1 kleine, scharfe Chilischote, Stielansatz abschneiden, Samen entfernen und fein hacken

1 Esslöffel Tomatenmark
1/2 Bund Koriander, Blätter waschen und hacken
1/2 Bund Petersilie, Blätter waschen und hacken
1 Zwiebel, schälen und hacken
2 Knoblauchzehen, schälen, mit etwas Salz in einem Mörser zerdrücken
1/4 Teelöffel Nelkenpulver
1 Teelöffel Zimtpulver
Salz
Pfeffer
Olivenöl

Vermerk:
Wer das Gericht sehr scharf haben möchte, sollte die Chilisamen mitkochen.

So wird es gemacht:

☺ 2 bis 3 Esslöffel Olivenöl in einer tiefen Pfanne oder einem Topf erhitzen ➟ Zwiebeln in das heiße Öl geben und weich dünsten, Knoblauchpaste untermengen und kurz mitdünsten ➟ Tomaten, Tomatenmark, ein paar Esslöffel Wasser, Koriander, Petersilie, Chili, Nelkenpulver, Zimt, etwas Salz und Pfeffer zu den Zwiebeln geben, umrühren und ca. 10 Minuten köcheln lassen. Falls die Soße sehr dickflüssig ist, etwas Wasser dazugeben.
☺ Kürbis und Zucchini in Salzwasser weich kochen, in ein Sieb schütten, abtropfen lassen und in die Soße geben ➟ Pfanne oder Topf zudecken und bei schwacher Hitze ca. 10 Minuten köcheln lassen. Falls viel Flüssigkeit verdampft ist, etwas Wasser dazugeben ➟ abschmecken und heiß mit Reis und Salat servieren.

☆☆☆☆☆☆☆☆☆☆

Rote Bohnen in scharfer Soße

Chili con Carne

Zutaten:

350 bis 400 g mageres Fleisch, waschen und in kleine Würfel schneiden
250 g getrocknete Kidneybohnen oder Schwarze Bohnen, waschen und über Nacht in reichlich kaltem Wasser einweichen, in ein Sieb geben und abtropfen lassen. Ersatzweise eine Dose gekochte Kidneybohnen oder Schwarze Bohnen,
4 große Tomaten (ca. 400 bis 500 g), fein hacken
1 große Zwiebel, schälen und fein hacken
2 bis 3 Knoblauchzehen, schälen, mit etwas Salz in einen Mörser geben und zerdrücken
1 getrocknete Chilischote, in Wasser einweichen, Stielansatz abschneiden, der Länge nach halbieren, Samen entfernen und hacken
1 lange, milde Peperoni, Stielansatz abschneiden, der Länge nach halbieren, Samen entfernen und fein hacken
1 kleine Chilischote, Stielansatz und Samen entfernen, dann fein hacken
1 Tasse Brühe
Je 1/2 Teelöffel:
  Kreuzkümmelpulver
  Korianderpulver
  Süßes Paprikapulver
Salz
Öl

Vermerk:
Das Gericht kann auch mit Hackfleisch oder Steak gekocht werden

Wer das Gericht sehr scharf haben möchte, sollte ein paar Tropfen Chilisoße verwenden.

So wird es gemacht:

☺ Etwas Öl in einer tiefen Pfanne erhitzen ➠ Zwiebeln und milde Peperoni in dem heißen Öl weich dünsten. Knoblauch untermengen und kurz mitdünsten ➠ Tomaten untermengen, kurz erhitzen und den Pfanneninhalt in einen Topf geben.
☺ In der Pfanne, in der die Zwiebeln gedünstet wurden, etwas Öl nachgießen und erhitzen ➠ Fleischwürfel (oder Hackfleisch) in die Pfanne geben, salzen, pfeffern und braten, bis die Flüssigkeit verdampft ist ➠ Paprikapulver, Kümmel und Koriander dazugeben, umrühren und zu den Zwiebeln geben.
☺ Bohnen, die beiden Chilisorten, Brühe und eventuell Chilisoße zum Fleisch geben, gut vermengen, Topf zudecken und kochen lassen, bis die Bohnen gar sind. Falls viel Flüssigkeit verdampft ist, etwas Wasser, Brühe oder Tomatensaft dazugeben ➠ das Gericht mit Salz, Pfeffer und eventuell Chilisoße abschmecken und heiß mit Reis servieren.

✯✯✯✯✯✯✯✯✯✯

Geflügelgerichte

Hähnchenbrust in Koriandersoße

Zutaten:

4 bis 5 Hähnchenbrüste
1 Bund Koriander, Blätter waschen und hacken
1 Schalotte, schälen und hacken
1 Bund Lauchzwiebeln, welke Halme entfernen, Enden und Halme abschneiden und nur die weißen Lauchzwiebeln hacken
1 Knoblauchzehe, schälen und fein hacken oder mit etwas Salz in einem Mörser zerdrücken
Saft einer Zitrone oder Limette
1 Teelöffel getrockneter Oregano
1/4 Teelöffel Kreuzkümmelpulver
1 Tasse Brühe
Salz
Pfeffer
Öl

So wird es gemacht:

☺ Hühnerbrüste von beiden Seiten mit Salz und Pfeffer bestreuen.
☺ Die einzelnen Fleischstücke zwischen Frischhaltefolie legen und mit einem Fleischhammer flachklopfen, mit Zitronen- oder Limettensaft beträufeln, in eine Schale geben, Schale zudecken und ca. 1 Stunde durchziehen lassen.

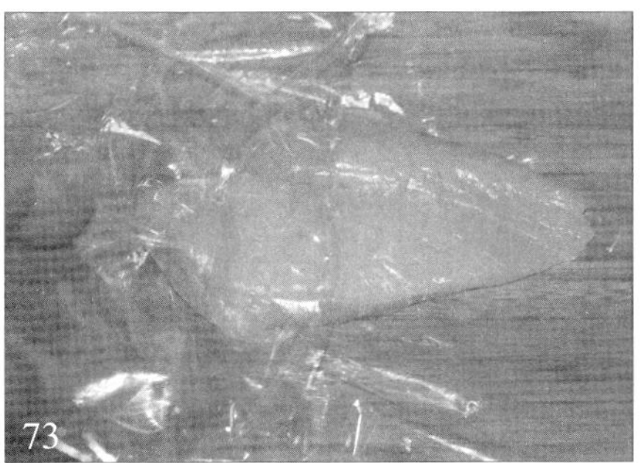
73

74

75

☺ Etwas Öl in die Pfanne gießen ➟ Schalotten, Lauchzwiebeln und Knoblauch in dem heißen Öl weich dünsten, mit Salz, Pfeffer, Oregano und Kreuzkümmel abschmecken ➟ Pfanne vom Herd nehmen ➟ Brühe und Koriander in die Pfanne geben und gut vermengen, dann alles in eine Küchenmaschine geben und pürieren.

☺ Koriandersoße wieder in die Pfanne zurückgießen und ca. 10 Minuten köcheln lassen ➟ Hähnchenbrust in die Soße geben und weitere 5 bis 6 Minuten köcheln lassen ➟ heiß mit Salat servieren.

Vermerk:

Die Soße darf nicht zu flüssig sein.

Man kann die Soße auch mit etwas Chilisoße oder Pulver abschmecken.

✺✺✺✺✺✺✺✺✺✺✺

Hähnchenfrikassee

Zutaten:

1 Hähnchen, waschen und abtropfen lassen
1 Zwiebel, schälen und halbieren
1 Zwiebel, schälen und hacken
1/2 Bund Petersilie, Blätter waschen und hacken
1 Bund Thymian, harte Stiele abschneiden und die weichen Stiele und Blätter fein hacken
Ein paar Lorbeerblätter
1 Esslöffel Mehl
Butter
Salz
Pfeffer

So wird es gemacht:

☺ Hähnchen und halbierte Zwiebel in reichlich Salzwasser gar kochen ➟ Hähnchen aus der Brühe nehmen und abkühlen lassen, dann das Fleisch vom Knochen lösen und zerkleinern.

☺ Brühe in ein Sieb gießen und in einer Schale auffangen.

☺ 1 bis 2 Esslöffel Butter in einen Topf geben und zerlassen ➟ Zwiebeln in der heißen Butter dünsten, bis sie Farbe annehmen ➟ Mehl dazugeben und gut verrühren, dann zerkleinertes Hähnchenfleisch, Petersilie, Thymian, Lorbeerblätter, Salz und Pfeffer dazugeben und vermengen ➟ 1 Tasse Brühe darüber gießen, umrühren und abschmecken ➟ Topf zudecken und köcheln lassen, bis die Soße etwas dicker wird ➟ Lorbeerblätter entfernen, abschmecken und heiß mit Reis servieren.

✵✵✵✵✵✵✵✵✵✵

Hähnchen mit Gemüse

Zutaten:

1 Hähnchen, in Teile zerlegen, waschen und abtropfen lassen
1 Tasse frische Erbsen
2 kleine Karotten, Stielansätze und Spitzen abschneiden und in dünne Scheiben schneiden
1 Zwiebel, schälen und hacken
3 bis 4 Tomaten, Haut abziehen und halbieren (siehe Seite 84)
1 bis 2 Knoblauchzehen, schälen, mit etwas Salz in einem Mörser zerdrücken
1 Bund Petersilie, Blätter waschen und hacken
1 bis 2 Esslöffel gehackter frischer Thymian
1 Tasse Milch
Salz
Pfeffer
Butter
Öl
1 Esslöffel Mehl

So wird es gemacht:

☺ Hähnchenteile in eine Schale geben ➟ etwas Öl, Knoblauchpaste und Pfeffer dazugeben, gut vermengen und ca. 30 Minuten ziehen lassen.
☺ Ein paar Esslöffel Butter in einem Topf zerlassen ➟ Hähnchenteile in den Topf geben und braten, bis sie leicht gebräunt sind ➟ Zwiebeln dazugeben, umrühren und dünsten, bis sie Farbe annehmen ➟ Mehl darüber streuen und gut umrühren, die Tomaten dazugeben und ein paar Minuten köcheln lassen ➟ Knoblauchpaste und Milch dazugeben, umrühren und kochen lassen, bis das Fleisch gar ist, dann die restlichen Zutaten untermengen, Topf zudecken und köcheln lassen, bis das Gemüse gar ist ➟ abschmecken und

heiß mit Reis servieren.

✵✵✵✵✵✵✵✵✵✵✵

Hähnchen in Tomatensoße

Zutaten:

1 Hähnchen, in Teile zerlegen, waschen und abtropfen lassen
1 Dose Tomaten
3 bis 4 lange, milde Peperoni, Stielansätze abschneiden, der Länge nach halbieren, Samen entfernen und grob hacken
2 mittelgroße Zwiebeln, schälen und in Scheiben schneiden
2 bis 3 Knoblauchzehen, schälen, mit etwas Salz in einen Mörser geben und zerdrücken
1 Bund Petersilie, Blätter waschen und hacken
1 Bund Thymian, hacken
1/2 Teelöffel süßes Paprikapulver
Salz
Pfeffer
Butter

So wird es gemacht:

☺ Hähnchenteile mit Salz, Pfeffer und Paprikapulver bestreuen ➟ 2 bis 3 Esslöffel Butter in einen Topf geben und zerlassen ➟ Hähnchenteile in die heiße Butter geben und bei mittlerer Hitze ca. 5 Minuten rundherum braten ➟ Zwiebeln dazugeben und dünsten, bis sie Farbe annehmen, Knoblauchpaste und Mehl darüber geben und gut vermengen ➟ Tomaten und Peperoni dazugeben, umrühren und mit Salz und Pfeffer abschmecken ➟ Topf zudecken und köcheln lassen, bis das Fleisch gar ist ➟ Thymian und Petersilie untermengen, ein paar Minuten köcheln lassen, abschmecken und heiß mit Reis und Salat servieren.

✵✵✵✵✵✵✵✵✵✵✵

Hähnchenfrikadellen

Zutaten:

1 Hähnchen, waschen und abtropfen lassen. Man kann auch 4 Hähnchenbrüste nehmen
1 Tasse Milch
1 Zwiebel, schälen und hacken
1 Knoblauchzehe, schälen und hacken
1 Bund Petersilie, Blätter waschen
2 Toastscheiben, toasten
3 Eier, aufschlagen, in eine Schale geben und gut verrühren
1/2 Teelöffel süßes Paprikapulver
Salz
Pfeffer
Öl, zum Braten

So wird es gemacht:

☺ Hähnchen in Salzwasser gar kochen, in einem Sieb abtropfen und abkühlen lassen. Brühe aufbewahren, dann das Fleisch vom Knochen lösen, sehr fein hacken und in eine Schale geben.
☺ Zwiebel, Knoblauch, Petersilie, Paprikapulver, Salz, Pfeffer und etwas Brühe in eine Küchenmaschine geben und pürieren, dann mit dem Hähnchenfleisch gut vermengen.
☺ Toastscheiben in Milch einweichen, auspressen, zum Hähnchen geben ➟ Eier dazugeben und gut vermengen.
☺ Öl in einer tiefen Pfanne erhitzen ➟ Hähnchenmasse löffelweise in das heiße Öl geben und rundherum knusprig braten.

✺✺✺✺✺✺✺✺✺✺

Marinierte Hähnchenbrust

Zutaten:

1 kg Hähnchenbrust, in Würfel schneiden (ca. 3 bis 4 cm), waschen und abtropfen lassen
Gehackte Petersilie, zum Garnieren
Öl zum Braten
Mehl
1 Teelöffel mildes Paprikapulver

Zutaten für die Marinade:

4 bis 5 Knoblauchzehen, schälen
1 kleine Zwiebel, schälen, halbieren und hacken
1 Teelöffel getrockneter Oregano
1 Teelöffel mildes Paprikapulver
1/4 Tasse Orangensaft
Ein paar Esslöffel Zitronensaft
Salz
Ein paar Esslöffel Olivenöl

So wird es gemacht:

☺ Knoblauchzehen, Oregano und etwas Salz in einen Mörser geben und zerdrücken, Zwiebeln dazugeben, grob zerdrücken und in eine große Schüssel geben ➟ die restlichen Zutaten für die Marinade zu der Knoblauchpaste geben, dann die Hähnchenstücke dazugeben, gut vermengen, Schale zudecken und 3 bis 4 Stunden in den Kühlschrank stellen.
☺ Ca. 1/2 Tasse Mehl und 1 Teelöffel Paprikapulver gut vermengen, dann in einen tiefen Teller geben.
☺ Öl in einer Pfanne erhitzen ➟ Hähnchenstücke aus der Marinade nehmen, kurz abtropfen lassen, dann in dem Mehl wälzen und knusprig braten, auf eine Servierplatte legen, mit Petersilie bestreuen und heiß mit Reis servieren.

Vermerk:
Die Marinade kann auch als Soße zu dem Gericht

serviert werden.
☺ Dafür die Marinade in einen kleinen Topf geben und ein paar Minuten dünsten, bis die Zwiebeln weich sind, abschmecken und servieren.

✵✵✵✵✵✵✵✵✵✵

Hähnchen in Knoblauchsoße

Zutaten:

1 Hähnchen, in 8 Teile schneiden und die Haut entfernen
Salz
Pfeffer
Olivenöl

Zutaten für die Soße:

4 bis 5 Knoblauchzehen, schälen und fein hacken
1 Knoblauchzehe, schälen, mit etwas Salz in einem Mörser zerdrücken
1 Zwiebel, schälen, halbieren und in dünne Scheiben schneiden
1 lange, milde Peperoni, Stielansatz abschneiden, der Länge nach halbieren, Samen entfernen und fein hacken
1 Dose geschälte Tomaten, den Inhalt durch ein Sieb gießen und den Tomatensaft in einer Schüssel auffangen, dann die Tomaten zerkleinern und wieder zum Saft geben
1 Handvoll grüne Oliven ohne Kerne, hacken
Chilisoße, Menge nach Geschmack
Salz
Pfeffer

So wird es gemacht:

☺ Hähnchenteile mit Salz und Pfeffer bestreuen.
☺ Öl in einer tiefen, großen Pfanne erhitzen ➟ Hähnchenteile in das heiße Öl geben und rundherum knusprig braten ➟ aus der Pfanne nehmen und warm halten.
☺ Zwiebeln und Peperoni in dieselbe Pfanne geben und glasig dünsten ➟ Knoblauchpaste und gehackten Knoblauch dazugeben und kurz dünsten, dann die Tomaten mit dem Saft und 1/2 Tasse Wasser dazugeben, umrühren, mit Salz, Pfeffer und Chilisoße abschmecken und 10 Minuten köcheln lassen. Falls die Flüssigkeit fast verdampft ist, etwas Wasser oder Tomatensaft dazugeben ➟ die gebratenen Hähnchenteile in die Soße geben, Pfanne zudecken und köcheln lassen, bis das Fleisch gar ist ➟ kurz vor dem servieren die Oliven untermengen, ein paar Minuten köcheln lassen und heiß mit Reis servieren.

✵✵✵✵✵✵✵✵✵✵

Fischgerichte

Fischfilets in Palmherzsoße

Zutaten:

1 kleine Dose oder 1 Glas Palmherzen, Inhalt in ein Sieb gießen, mit Wasser abspülen, abtropfen lassen und die Palmherzen zerkleinern
4 Fischfilets, am besten Lachs
1 Tasse Sahne
1/2 Tasse heiße Milch
1 kleine Zwiebel oder Schalotte, schälen und hacken
1 Esslöffel Mehl
Ein paar Esslöffel geriebener Käse
Saft einer Zitrone oder Limette
1 Prise Zucker
Salz
Weißer Pfeffer
Öl
Ungesalzene Butter

So wird es gemacht:

☺ Soße fertigstellen:
2 Esslöffel ungesalzene Butter in einen kleinen Topf geben und zerlassen, Schalotte oder Zwiebel dazugeben und weich dünsten ➟ Salz, Mehl und Pfeffer dazugeben, gut vermengen und bei schwacher Hitze ca. 1/2 Minute köcheln lassen, dabei umrühren ➟ Topf vom Herd nehmen, Milch in den Topf gießen, gut umrühren, wieder auf die Herdplatte stellen und bei mittlerer Hitze ein paar Minuten köcheln lassen, dabei umrühren Palmherzen, Sahne und Käse dazugeben, umrühren und köcheln lassen, bis der Käse geschmolzen ist ➟ Topf

vom Herd nehmen und bis zum Servieren beiseitestellen.

☺ Backofen auf 180°C vorheizen.

☺ Fischfilets mit Limetten- oder Zitronensaft und Öl einreiben, dann mit Salz und Pfeffer von beiden Seiten bestreuen, in eine Auflaufform legen und im Backofen für ca. 8 bis 9 Minuten garen.

Man kann die Filets auch auf Silberpapier legen und im Backofen unter dem Grill garen. Inzwischen die Soße erhitzen.

☺ Fischfilets auf Servierteller legen, Soße darüber geben und servieren.

✭✭✭✭✭✭✭✭✭✭✭

Fischfilets im Cassavamehlmantel

Bei diesem Rezept verwendet man statt dem normalen Mehl, Cassavamehl (wird auch Maniokmehl genannt). Die Fischfilets bekommen durch das Cassavamehl einen ganz besonderen Geschmack.

Cassava- oder Maniokmehl kann man über Firmen im Internett bestellen. Ein Beutel kostet ca. 2,50€

Zutaten:

4 Fischfilets, waschen und abtropfen lassen
1/2 Tasse Cassavamehl, auf einem flachen Teller verteilen
Limetten- oder Zitronensaft
Salz
Pfeffer
Öl, zum Braten

So wird es gemacht:

☺ Fischfilets mit Limetten- oder Zitronensaft beträufeln, mit Salz und Pfeffer bestreuen und ca. 30 Minuten stehen lassen.

☺ Öl in einer Pfanne erhitzen.

☺ Fischfilets in Cassavamehl wälzen und von beiden Seiten

goldbraun braten ➟ heiß mit Brot und Zitronenscheiben servieren.

✯✯✯✯✯✯✯✯✯✯✯

Kreolischer Rotbarsch

Zutaten:

2 Rotbarsche (ca. 1 bis 1,5 kg, ausgenommen), in Stücke schneiden, waschen und abtropfen lassen
4 bis 5 große, reife Tomaten, Haut abziehen und hacken, siehe Seite 84
1 Bund Petersilie, Blätter waschen und hacken
1 Bund Thymian, harte Stiele entfernen und die weichen Stiele mit den Blättern hacken
1 Teelöffel getrockneter Majoran
1 große Zwiebel, schälen und fein hacken
1 bis 2 Knoblauchzehen, schälen, mit etwas Salz in einen Mörser geben und zerdrücken
Saft einer Zitrone oder Limette
5 bis 6 Pimentkörner, zerdrücken
2 Esslöffel Mehl
Butter
Salz und Pfeffer

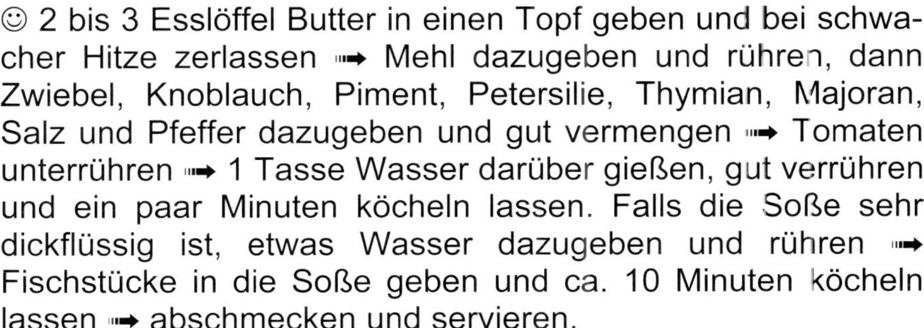

76 Piment

So wird es gemacht:

☺ 2 bis 3 Esslöffel Butter in einen Topf geben und bei schwacher Hitze zerlassen ➟ Mehl dazugeben und rühren, dann Zwiebel, Knoblauch, Piment, Petersilie, Thymian, Majoran, Salz und Pfeffer dazugeben und gut vermengen ➟ Tomaten unterrühren ➟ 1 Tasse Wasser darüber gießen, gut verrühren und ein paar Minuten köcheln lassen. Falls die Soße sehr dickflüssig ist, etwas Wasser dazugeben und rühren ➟ Fischstücke in die Soße geben und ca. 10 Minuten köcheln lassen ➟ abschmecken und servieren.

Garnelen-Avocado-Salat

Zutaten:

1 Avocado, Fruchtfleisch in dünne Streifen oder Würfel schneiden
250 g mittelgroße Garnelen
1 Papaya, Fruchtfleisch in dünne Streifen oder Würfel schneiden
1 Schalotte, schälen und hacken
Salatblätter, waschen
3 bis 4 Esslöffel Oliven ohne Kerne
2 Esslöffel gehackte Petersilie
Zitronen- oder Limettensaft
Salz
Pfeffer

So wird es gemacht:

☺ Reichlich Wasser in einem Topf zum Kochen bringen, Garnelen in das kochende Wasser geben und ca. 3 bis 4 Minuten kochen lassen, in einem Sieb abtropfen und abkühlen lassen ➟ Garnelenfleisch aus der Schale lösen und in eine Schüssel geben, dann Avocado, Papaya, Petersilie, Schalotten, Salz und Pfeffer dazugeben, gut vermengen und mit Zitronen– oder Limettensaft abschmecken.
☺ Ein Servierplatte mit Salatblättern belegen, Garnelensalat darauf anrichten und zu Hauptgerichten servieren.

✯✯✯✯✯✯✯✯✯✯

Fisch in Tomatensoße

Zutaten:

4 Fische (1 bis 1,5 kg, ausgenommen), säubern, waschen und abtropfen lassen

1 große Dose geschälte Tomaten.

Ersatzweise 1/2 Liter Tomatensaft und 3 bis 4 Tomaten, enthäuten und hacken, siehe Seite 84.

Man kann auch 4 bis 5 Esslöffel Tomatenmark in einem 1/2 Liter warmen Wasser auf lösen

1/2 Tasse Weißwein

100 g Pilze, in Streifen schneiden

1 große Zwiebel, schälen, halbieren und in dünne Streifen schneiden

Folgende Gewürze mit etwas Salz in einen Mörser geben und zerdrücken:

2 bis 3 Knoblauchzehen, schälen und grob hacken

1 Bund Petersilie, Blätter waschen und grob hacken

2 bis 3 Esslöffel gehackter Thymian

Ein paar Pimentkörner

Ein paar Nelken

1/2 Teelöffel süßes Paprikapulver

1 Esslöffel Mehl

Butter oder Olivenöl

Salz

Pfeffer

So wird es gemacht:

☺ Fische in eine tiefe Pfanne geben, mit Weißwein und Wasser bedecken und köcheln lassen, bis die Fische gar sind. Inzwischen die Soße herstellen.
☺ Mehl und etwas Salz und Pfeffer zur Zwiebel geben und gut vermengen.
☺ Etwas Butter oder Öl in einer tiefen Pfanne oder einem Topf erhitzen ➟ Zwiebeln in das heiße Öl geben und braun dünsten, Tomaten und Pilze dazugeben, gut vermengen und ein paar Minuten köcheln lassen ➟ Gewürzpaste dazugeben, gut vermengen und köcheln lassen, bis die Masse dickflüssig wird ➟ mit Salz, Pfeffer und Paprikapulver abschmecken.
☺ Die gekochten Fische auf Servierteller geben, Tomatensoße darüber geben und heiß servieren.

✯✯✯✯✯✯✯✯✯✯

Gebackener Fisch

Zutaten:

2 kg (1 bis 2 Fische) Rote Schnapper (Fisch aus der Barschfamilie) oder eine andere Fischsorte
5 bis 6 mittelgroße Kartoffeln, schälen und in Scheiben schneiden
2 Knoblauchzehen, schälen, mit etwas Salz in einen Mörser geben und zerdrücken
Saft von 1 Zitrone
1 unbehandelte Zitrone, waschen und in Scheiben schneiden
2 bis 3 lange, milde Peperoni, Stielansätze abschneiden, der Länge nach halbieren, Samen entfernen und in größere Stücke hacken
1 Bund Petersilie, Blätter waschen und hacken
Olivenöl
Salz
Pfeffer

Zutaten für die Soße:

4 bis 5 mittelgroße, reife Tomaten, Haut abziehen, halbieren, Samen entfernen und hacken (siehe Seite 84)
1/2 Tasse Wasser. Man kann auch Wein und Wasser verwenden
1 kleine, rote Zwiebel, schälen und fein hacken
1 kleine, milde Peperoni, Stielansatz abschneiden, der Länge nach halbieren, Samen entfernen und fein hacken
1 Handvoll grüne Oliven ohne Kerne, hacken
1 bis 2 eingelegte, milde Peperoni, Stielansätze abschneiden und fein hacken
Ein paar Tropfen Chilisoße
1/2 Teelöffel getrockneter Oregano

2 bis 3 Esslöffel gehackte Petersilie
Salz
Pfeffer
Olivenöl

So wird es gemacht:

☺ Die Fische waschen und abtropfen lassen, Köpfe und Schwänze dranlassen, dann mit einem scharfen Messer je 3 tiefe Schnitte in das Fleisch schneiden, dann von innen und außen mit Salz und Pfeffer bestreuen, danach die Fische mit Knoblauchpaste und Zitronensaft von innen und außen einreiben, etwas Knoblauchpaste und Petersilie in die tiefen Schnitte pressen, die Zitronenscheiben und Petersilie in die Fische geben, dann die Fische in eine Schale legen und beiseitestellen.

☺ Kartoffeln in Salzwasser fast gar kochen, in ein Sieb geben und abtropfen lassen.

☺ Backofen auf 180°C vorheizen.

☺ Eine Auflaufform mit Öl bepinseln ➟ die gekochten Kartoffeln in die Form schichten, darauf die zerkleinerte Peperoni geben, dann den Fisch oder die Fische darauf legen ➟ Auflaufform mit Alufolie bedecken, in den Backofen schieben und ca. 35 bis 40 Minuten backen. Inzwischen die Soße fertig kochen.

☺ Etwas Öl in einer tiefen Pfanne oder in einem Topf erhitzen ➟ Zwiebeln und Peperoni in dem heißen Öl glasig dünsten, dann die restlichen Zutaten dazugeben, gut vermengen und kurz zum Kochen bringen, dann bei schwacher Hitze ca. 10 Minuten köcheln lassen. Falls die Flüssigkeit fast verdampft ist, etwas Wasser nachgießen und rühren ➟ mit Salz, Pfeffer und Chilisoße abschmecken und Topf oder Pfanne vom Herd nehmen.

☺ Auflaufform aus dem Backofen nehmen ➟ den Fisch vorsichtig aus der Form nehmen und auf einen Servierteller geben, dann die Kartoffeln und Peperoni rund um den Fisch anrichten, Tomatensoße darüber gießen und heiß servieren.

Soßen

Tomatensoße für Fischgerichte

Zutaten:

4 mittelgroße, reife Tomaten, Haut abziehen, halbieren, Samen entfernen und fein hacken (siehe Seite 84)
1 kleine Schalotte, schälen und fein hacken
1 lange, milde Peperoni, Stielansatz abschneiden, der Länge nach halbieren, Samen entfernen und fein hacken
Chili- oder Tabascosoße, Menge nach Geschmack
1 Handvoll grüne Oliven ohne Kerne, in Scheiben schneiden
1/2 Teelöffel getrockneter Oregano
Salz
Pfeffer
5 bis 6 Esslöffel Olivenöl
1/2 Tasse Weißwein

So wird es gemacht:

☺ Olivenöl in einer tiefen Pfanne erhitzen ➟ Schalotten und Peperoni in das heiße Öl geben und glasig dünsten ➟ Tomaten, Oliven, Oregano, Salz, Pfeffer und Wein dazugeben und gut verrühren, kurz aufkochen lassen, dann bei schwacher Hitze ca. 5 Minuten köcheln lassen ➟ die Soße mit Salz und Chilisoße abschmecken und servieren.

✯✯✯✯✯✯✯✯✯✯

Scharfes Chilipüree

Zutaten:

10 Chilischoten, Stielansätze abschneiden, der Länge nach halbieren, Samen entfernen und hacken
1 Teelöffel Salz

So wird es gemacht:

☺ Chili, Salz und 2 bis 3 Esslöffel Wasser in eine Küchenmaschine geben und pürieren, bis eine weiche Masse entstanden ist. Eventuell etwas Wasser dazugeben ➟ im Kühlschrank aufbewahren.

✧✧✧✧✧✧✧✧✧✧✧

Scharfes Avocadopüree

Zutaten:

1 Avocado, halbieren, Kern entfernen, Fruchtfleisch in eine Schale geben und mit einer Gabel pürieren
1 große Tomate, Haut abziehen und fein hacken
1 Esslöffel gehackte Korianderblätter
1/4 Teelöffel Kümmelpulver
1 kleine, scharfe Chilischote, Stielansatz abschneiden, der Länge nach halbieren, Samen entfernen und fein hacken
Limettensaft
1 bis 2 Esslöffel gehackte, rote Zwiebeln

So wird es gemacht:

☺ Alle Zutaten, außer der gehackten roten Zwiebeln, und Limettensaft in eine Schale geben und gut vermengen, dann mit Limettensaft abschmecken, gehackte rote Zwiebeln darüber streuen und zu Hauptgerichten servieren.

✯✯✯✯✯✯✯✯✯✯✯

Knoblauchsoße

Knoblauchsoße wird zu den Hauptgerichten serviert.

Zutaten:

6 bis 7 Knoblauchzehen, schälen, mit etwas Salz in einem Mörser zerdrücken
1 kleine Zwiebel, schälen, halbieren und in dünne Streifen schneiden
1/4 Tasse Orangensaft
3 bis 4 Esslöffel Limettensaft
Ca. 1/2 Tasse Olivenöl

So wird es gemacht:

☺ Knoblauchpaste, Zwiebel, Orangensaft und Limettensaft in eine Schale geben, gut verrühren, Schale zudecken und ca. 1 Stunde stehen lassen.

☺ Kurz vor dem Servieren, Olivenöl in einer tiefen Pfanne erhitzen ➟ Knoblauchmasse vorsichtig in das heiße Öl geben und schnell rühren, dann bei schwacher Hitze ca. 5 Minuten köcheln lassen.

✯✯✯✯✯✯✯✯✯✯

Süßspeisen

Kürbis Empanada

Zutaten für den Teig:

2 Tassen Mehl, sieben
1/2 Tasse Butter
2 bis 3 Esslöffel Zucker
1 Becher Sahne

Zutaten für die Füllung:

1 kleiner Kürbis
250 g brauner Zucker
Gemahlener Zimt
1 bis 2 Nelken, zerdrücken

So wird es gemacht:

☺ Füllung vorbereiten:
① Kürbis halbieren, Kerne und die Fruchtfasern entfernen, dann den Kürbis schälen, Fruchtfleisch in Stücke schneiden und in einen Topf geben ➡ Wasser in den Topf gießen und kochen lassen, bis das Fruchtfleisch sehr weich ist ➡ in ein Sieb geben und abtropfen lassen.
② Kürbisfruchtfleisch, braunen Zucker, Nelken und ca. 1 Teelöffel Zimt in einen Topf geben und köcheln lassen, bis die Masse dickflüssig wie Honig wird ➡ mit Zimt abschmecken, Topf vom Herd nehmen und abkühlen lassen.
☺ Teig fertigstellen:
Mehl, Butter und Zucker in eine Schüssel geben und gut vermengen, Sahne nach und nach dazugeben und gut verkneten, bis der nicht mehr an der Schüsselwand kleben bleibt ➡ Teig zu einem Ball formen.
☺ Backofen auf ca. 180°C

vorheizen.

☺ Kürbis Empanada füllen und backen:

① Teig in zwei Teile teilen und jeden Teil flach ausrollen. Dann mit der offenen Seite einer Tasse oder eines Glases einen Kreis aus dem Teig ausstechen (Abb. 77).

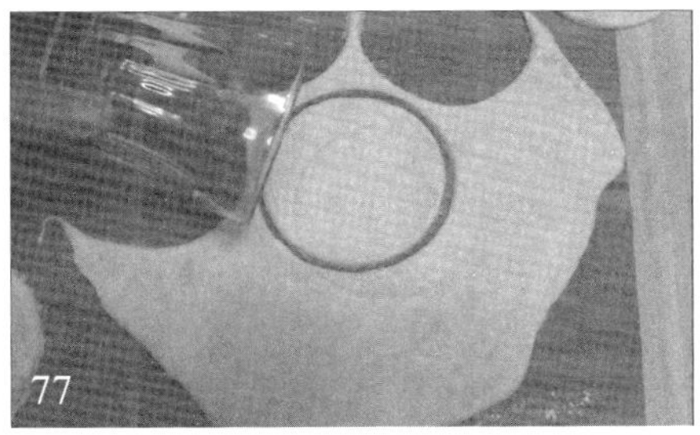
77

78

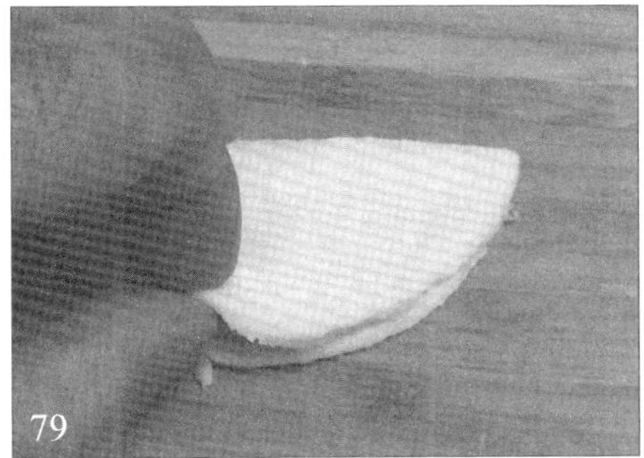
79

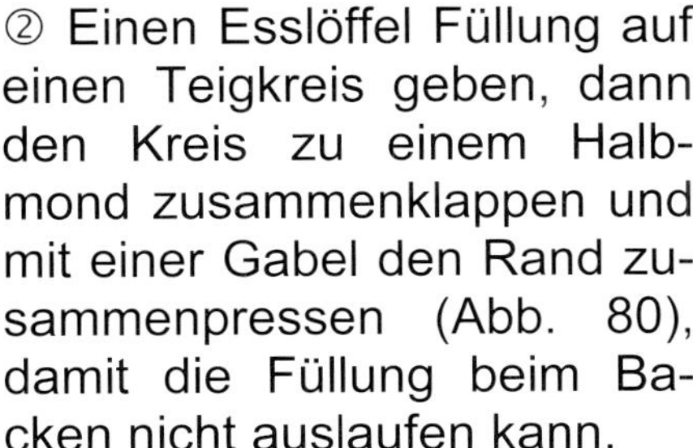

② Einen Esslöffel Füllung auf einen Teigkreis geben, dann den Kreis zu einem Halbmond zusammenklappen und mit einer Gabel den Rand zusammenpressen (Abb. 80), damit die Füllung beim Backen nicht auslaufen kann.

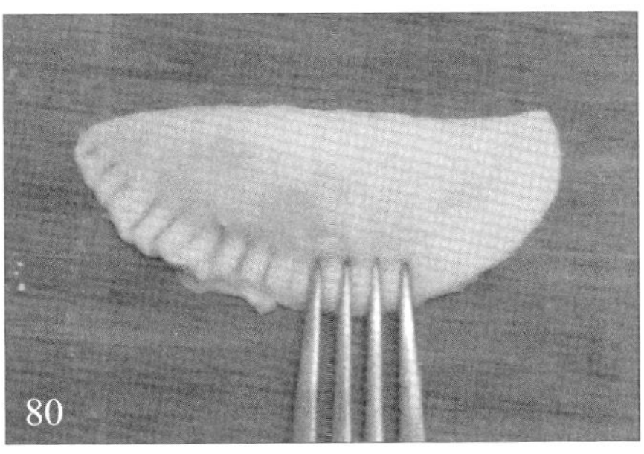
80

③ Wenn alle Teigkreise gefüllt sind, eine Auflaufform oder ein Backblech mit etwas Butter einfetten, die fertigen Empanadas darauf verteilen, in den Backofen schieben und backen, bis die Oberflächen Farbe annehmen.

Die Empanadas werden kalt serviert.

Vermerk:

Bei der Herstellung des Teiges, kann ein Ei verwendet werden.

Maispudding

Zutaten:

1 Dose (300 g) gekochter Mais
Packung Kondensmilch (320 ml)
4 Eier
Butter
1 bis 2 Esslöffel Zucker

So wird es gemacht:

☺ Backofen auf ca. 180°C vorheizen.

81

82

☺ Maiskörner und Zucker in einen Topf gebe, mit Wasser bedecken und kochen lassen, bis der Mais sehr weich ist ➟ durch ein Sieb geben und abtropfen lassen.

83

84

☺ Mais und etwas Kondensmilch in eine Küchenmaschine geben und fein pürieren ➟ Eier aufschlagen und zum Mais geben, dann Kondensmilch dazugeben und nochmal pürieren.

☺ Einen Auflaufform mit Butter fetten, Maismasse in die Form geben, in den Backofen schieben und ca. 30 Minuten backen ➠ Backform aus dem Backofen nehmen, abkühlen lassen und servieren.

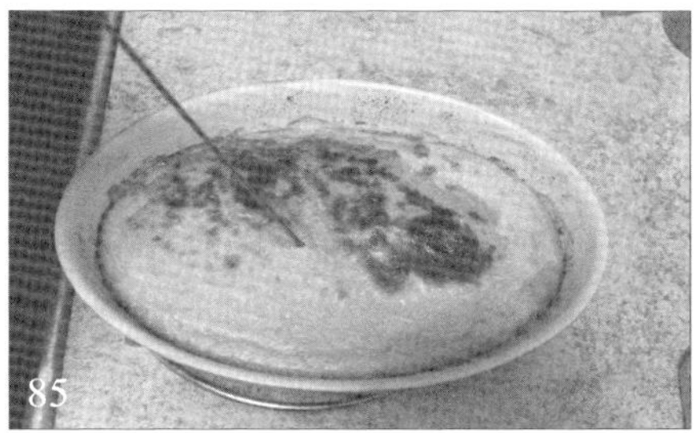
85

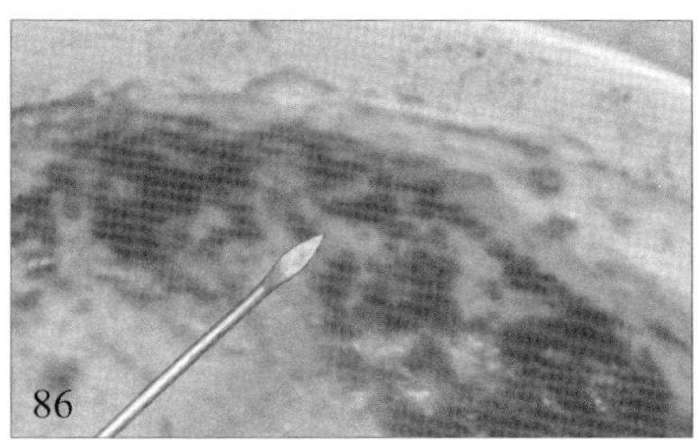
86

Vermerk:
Um zu prüfen, ob der Pudding gar ist, einen Spieß in die Mitte des Puddings stechen (Abb. 85) und rausziehen.
① Der Pudding ist gar, wenn der Spieß trocken ist (Abb. 86).
② Wenn der Spieß nach dem Rausziehen Nass ist, weitere 5 Minuten backen und erneut prüfen.

☆☆☆☆☆☆☆☆☆☆

Kokosnuss Flan

Ein **Flan** ist eine im Wasserbad gestockte Masse aus Eiern und Flüssigkeit .

Zutaten:

1 Tasse geriebene, frische Kokosnuss oder Kokosnussraspeln
2 bis 3 Esslöffel Zucker
3 Eier
1/2 Tasse Kondensmilch
1/2 Tasse Sahne
1/2 Tasse Milch

Zutaten für den Sirup:

1 Tasse Zucker
1/4 bis 1/2 Tasse Wasser

So wird es gemacht:

☺ Sirup kochen:
Zucker und Wasser in einen kleinen Topf geben, umrühren und kochen lassen, dann bei schwacher Hitze köcheln lassen, bis die Masse dickflüssig wie Honig wird ➟ Topf vom Herd nehmen und beiseitestellen.
☺ Backofen auf 180°C vorheizen.

87

88

☺ Alle Zutaten für den Flan in eine Küchenmaschine geben und gut verrühren.

☺ Den größten Teil des Sirups in eine Auflaufform geben und gut verteilen, auch die Ränder (Abb. 89) ➡ Flanmasse in die Form geben.

89

☺ Auflaufform in eine größere Form geben, dann ca. 2 Tassen heißes Wasser in die größere Form gießen, in den Backofen schieben und ca. 30 bis 35 Minuten backen.

90

☺ Prüfen, ob der Flan fertig ist:
Einen Spieß in die Mitte des Flans stechen und rausziehen. Wenn der Spieß nach dem Rausziehen trocken ist, ist der Flan fertig.

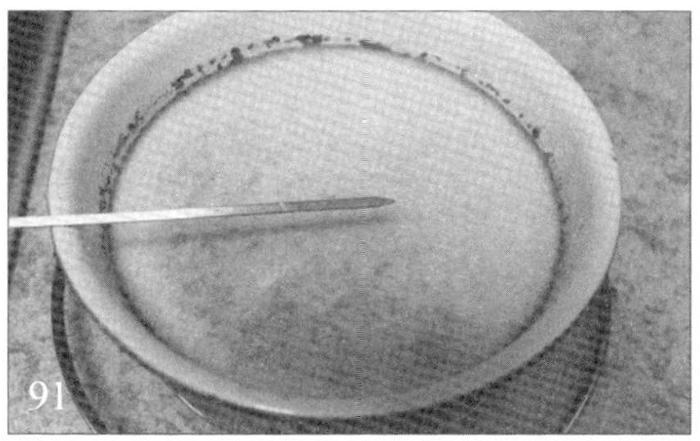

91

☺ Den restlichen Zuckersirup über den heißen Flan geben, abkühlen lassen und servieren.

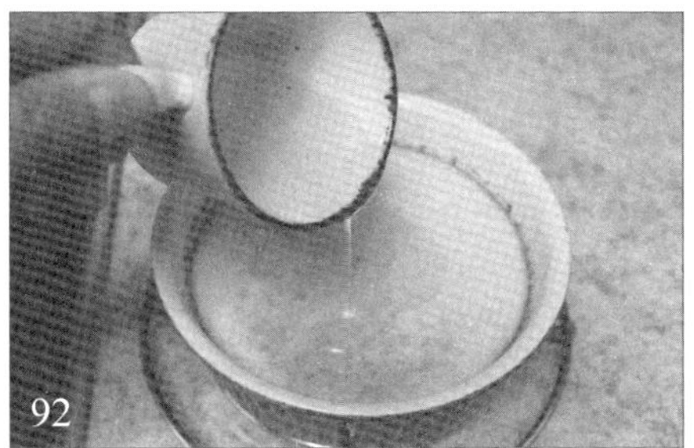

92

✯✯✯✯✯✯✯✯✯✯

Kürbis Flan

Zutaten:

1 Kürbis von ca. 1 kg, zum Beispiel Butterkürbis
2 Tassen Zucker
4 Eier
4 bis 5 Esslöffel Mehl
1 Packung Kondensmilch (320 ml)
Vanilleextrakt
Butter

So wird es gemacht:

☺ Kürbis halbieren, Samen entfernen ➟ die beiden Kürbishälften vierteln, in einen Topf geben, mit Wasser bedecken und kochen lassen, bis der Kürbis sehr weich ist ➟ den gekochten Kürbis in ein Sieb geben, abtropfen und kurz abkühlen lassen, dann das Fruchtfleisch von der Schale lösen, abkühlen lassen und in eine Küchenmaschine geben.
☺ Zucker zur Kondensmilch geben und rühren, bis der Zucker aufgelöst ist, dann zum Kürbisfruchtfleisch geben.
☺ Eier aufschlagen und in die Küchenmaschine geben, Mehl dazugeben und gut verrühren.
☺ Backofen auf 180°C vorheizen.
☺ Eine Auflaufform oder eine feuerfeste Form mit Butter fetten, auch den Rand ➟ Flanmasse in die Form geben, dann die Form in eine größere feuerfeste Form stellen (siehe Seite 122 und 123), danach ca. 2 Gläser heißes Wasser in die größere Form geben und in den Backofen schieben ➟ backen lassen, bis die Oberfläche goldbraune Farbe hat, Flan aus dem Backofen nehmen und abkühlen lassen, dann in den Kühlschrank stellen und kalt servieren.
☺ Prüfen, ob der Flan fertig ist (siehe Abb. 85 und 86, Seite 121):
Einen Spieß in die Mitte des Flans stechen und rausziehen. Wenn der Spieß nach dem Rausziehen trocken ist, ist der

Flan fertig.

☆☆☆☆☆☆☆☆☆☆☆

Reispudding

Zutaten:

1 Tasse Milchreis, waschen und abtropfen lassen
1½ Tassen Wasser
Ca. 1 Liter verschiedene Flüssigkeit:
 1/2 Liter Milch
 1/4 Liter Sahne
 1/4 Liter Kondensmilch
5 bis 6 Esslöffel Zucker
Zimtpulver
Ein paar Esslöffel Rosinen ohne Kerne
1/2 Teelöffel Vanilleextrakt

So wird es gemacht:

☺ Reis und Wasser in einen Topf geben und kurz zum Kochen bringen, dann bei schwacher Hitze köcheln lassen, bis das Wasser fast verdampft ist ➟ Milch, Sahne, Kondensmilch und Zucker dazugeben und gut verrühren, dann kurz aufkochen lassen und weiter bei schwacher Hitze köcheln lassen, bis die Masse etwas dicker wird ➟ Rosinen und Vanille dazugeben, umrühren und ein paar Minuten köcheln lassen ➟ Reispudding in Servierschalen geben, mit Zimt bestreuen und heiß oder kalt servieren.

Vermerk:
Man kann den Zimt mit etwas Zucker vermengen und über den Pudding streuen.

☆☆☆☆☆☆☆☆☆☆☆

Knusprige Teigfladen mit Sirup

Zutaten:

1 Tasse Mehl
**1 Ei, Eigelb von Eiweiß trennen. Man braucht nur das Eigelb
2 Esslöffel Zucker
1 Prise Salz
Öl, zum Braten

Zutaten für den Sirup:

1 Tasse Wasser
3/4 Tasse Zucker

So wird es gemacht:

☺ *Zuckersirup kochen:
Zucker und Wasser in einen kleinen Topf geben und rühren, bis der Zucker aufgelöst ist, dabei zum Kochen bringen, dann köcheln lassen, bis der Sirup dickflüssig wird ➡ Topf vom Herd nehmen und beiseitestellen.

☺ Mehl, Zucker und Salz in eine Schale geben und gut vermengen.

☺ Eigelb und ca. 1/4 Tasse Wasser in eine Schale geben und rühren, dann zum Mehl geben und zu einem Teig verkneten ➡ Teig auf einem bemehlten Brett zu einem dünnen Fladen ausrolle und mit Hilfe einer Tasse oder Schale Kreise aus dem Teig ausstechen.

☺ Öl in einer Pfanne erhitzen ➡ Teigkreise im heißen Öl von beiden Seiten knusprig braten, aus der Pfanne nehmen, auf Küchenpapier legen, damit das überschüssige Öl entfernt wird.

☺ Zum Servieren, Sirup über die gebratenen Teigkreise geben und servieren.

<u>Vermerk:</u>

*Statt Zuckersirup kann man, zum Beispiel, Ahornsirup verwenden.

** Eiweiß vom Eigelb trennen:

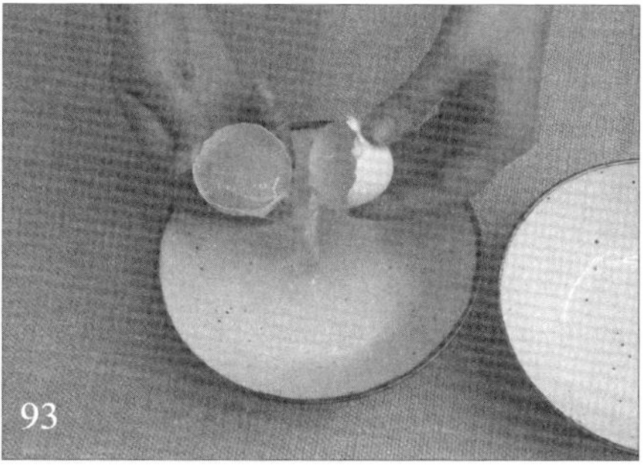
93

94

Wer Schwierigkeiten hat mit dem Trennen von Eigelb und Eiweiß (Abb. 93), kann dies wie folgt erledigen:
Das Ei aufschlagen und in ein Sieb geben (Abb. 94), dann mit einem Messer das Eigelb im Sieb zurückhalten (Abb. 95) und das Eiweiß aus dem Sieb ablaufen lassen.

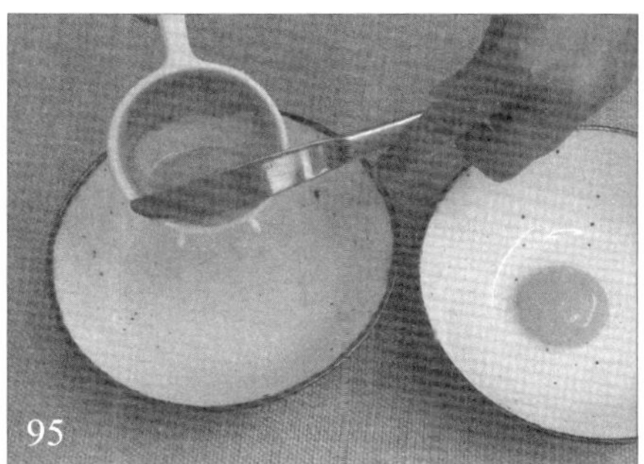
95

☆☆☆☆☆☆☆☆☆☆

Exotische Küche - Kochbücher aus dem Süden